Obstgehölze
sachgemäß
schneiden

Paul Gerhard Wilhelm

Obstgehölze sachgemäß schneiden

Zum Thema Garten sind im FALKEN Verlag zahlreiche Bücher erschienen,
u. a. das umfassende moderne Handbuch »Garten heute« (Nr. 4283).
Für Hobby-Obstgärtner sind besonders die »Erfolgstips für den Obstgarten« (Nr. 827)
zu empfehlen. Darüber hinaus kann Sie Ihr Buchhändler informieren.

Zum gleichen Thema ist im FALKEN Verlag
auch eine Videokassette erschienen.
Spieldauer ca. 45 Minuten, in Farbe,
mit Begleitbroschüre (Nr. 6050)

Unser Beitrag zum Umweltschutz:
Papier aus chlorfrei gebleichtem Zellstoff

ISBN 3 8068 1127 X

© 1991/1994 by Falken-Verlag GmbH, 65527 Niedernhausen/Ts.
Die Verwertung der Texte und Bilder, auch auszugsweise, ist ohne Zustimmung
des Verlags urheberrechtswidrig und strafbar. Dies gilt auch für Vervielfälti-
gungen, Übersetzungen, Mikroverfilmung und für die Verarbeitung mit elektro-
nischen Systemen.
Titelbild: Gisela Wilhelm, Berlin
Fotos: Gisela Wilhelm, Berlin
Zeichnungen: Almke Sickert, Nürnberg, nach Vorlagen von Gisela Wilhelm:
43, 47, 62, 68, 75, 76, 77, 81, 89, 92, 93, 95, 97, 101, 104, 105;
alle anderen Zeichnungen: Paul Gerhard Wilhelm, Berlin
Die Ratschläge in diesem Buch sind vom Autor und vom Verlag sorgfältig
erwogen und geprüft, dennoch kann eine Garantie nicht übernommen werden.
Eine Haftung des Autors bzw. des Verlags und seiner Beauftragten für Personen-,
Sach- und Vermögensschäden ist ausgeschlossen.
Satz: Grunewald Satz + Repro GmbH, Kassel
Druck: Konkordia Druck GmbH, Bühl/Baden

Inhaltsverzeichnis

Vorwort — 6

Der Obstgehölzschnitt als Pflegemaßnahme — 7

Das Abc der Kronenteile — 8

Theoretische Voraussetzungen — 10

Wachstumsgesetze — 10
Wuchsunterschiede — 12
Schnittgesetze — 14
Schnittziele in Abhängigkeit vom Baumalter — 15
Die Knospenbildung — 16
Die Triebbildung — 18

Praktische Voraussetzungen — 20

Die Schnittwerkzeuge — 20
Die Handhabung der Gartenschere — 26
Der Schnitt mit der Astsäge — 29
Wundverschlußmittel — 32
Die Wundbehandlung — 33

Der Schnitt der Kernobstbäume — 35

Die Pyramidenkrone beim Apfelbuschbaum — 35
Pflanz- und Aufbauschnitt von Halb- und Hochstämmen — 45
Die Hohlkrone — 46
Das Fruchtholz bei Apfel und Birne — 48
Ertrags- oder Erhaltungsschnitt — 50
Verjüngungsschnitt bei gepflegten Bäumen — 53
Schnittmaßnahmen und Formierungsarbeiten im Sommer — 55
Das Auslichten ungepflegter Baumkronen — 59
Die Verjüngung ungeschnittener Kronen — 66
Die Nachbehandlung stark geschnittener Bäume — 70
Besonderheiten beim Apfel — 73
Besonderheiten bei der Birne — 74
Besonderheiten bei der Quitte — 78
Der Apfelspindelbusch — 79

Der Schnitt der Steinobstbäume — 90

Die Pflaume oder Zwetsche — 90
Die Sauerkirsche — 98
Die Süßkirsche — 107
Der Pfirsich — 110
Die Aprikose oder Marille — 115

Der Schnitt der Beerenobstgehölze — 118

Rote und Weiße Johannisbeere — 118
Die Schwarze Johannisbeere — 122
Die Stachelbeere — 124
Die Jostabeere — 128
Die Himbeere — 129
Die Brombeere — 131
Die Kulturheidelbeere — 133

Register — 134

Vorwort

Es gibt wohl kaum eine gärtnerische Tätigkeit, die aus Büchern schwerer zu erlernen ist als der Schnitt von Obstbäumen und -sträuchern. Der Hobbygärtner muß nicht nur mit den Wuchsgesetzen und den Schnittmethoden vertraut sein, sondern sich immer wieder neu auf die verschiedenen Obstarten, Baumformen und Altersstufen der Gehölze einstellen. Aus dem Wissen um die Schwierigkeiten, die auf den Laien beim Erlernen des sachgemäßen Schnittes zukommen, entstand dieses Buch.

Seit Jahrzehnten halte ich an Berliner Volkshochschulen Schnittkurse für Hobbygärtner ab. An Hand vieler Zeichnungen werden dabei die wichtigsten Gebiete des Gehölzschnittes erläutert. Nach mehrstündigen Besprechungen treffen wir uns dann in Gärten der Kursteilnehmer, um die Theorie in die Praxis umzusetzen. Diese Art der Darbietung hat immer Zustimmung gefunden, weil sie das Verständnis erleichtert und zum Schnitt ermutigt. Natürlich braucht alles seine Zeit: 3 Jahre (entsprechend 6 Kurssemestern) benötigt man schon, um anschließend die eigenen Obstgehölze annähernd sachgemäß schneiden zu können. Manche Zuhörer meiner Kurse sind nun an mich mit dem Vorschlag herangetreten, ich könnte doch auch ein ähnlich informatives Buch über den Obstgehölzschnitt schreiben – nicht zuletzt, weil viele der angebotenen Bücher zum Thema als zu schwierig bzw. als unverständlich empfunden werden. So habe ich mich schließlich zu dieser Aufgabe entschlossen und in einem halben Jahr das zusammengestellt, was jetzt in Buchform vor Ihnen liegt.

Auf 136 Seiten setzt sich das Buch mit dem Schnitt unserer Obstbäume und Beerenobststräucher auseinander. Zahlreiche Zeichnungen und einige Fotos veranschaulichen die beschriebenen Zusammenhänge und Arbeitsschritte und sorgen dafür, daß der Leser nicht gleich über jeden Fachausdruck stolpert und die Lust an dem Buch verliert; denn es darf nicht vorausgesetzt werden, daß dem Hobbygärtner alle Begriffe geläufig sind. Mit Hilfe der erläuternden Zeichnungen läßt sich jedoch der Schnitt verhältnismäßig leicht erlernen. Selbstverständlich muß sich der interessierte Leser die Zeit nehmen, das Buch durchzuarbeiten und einzelne Gebiete mehrmals nachzulesen. Nur so erlangt er das Rüstzeug für die Praxis.

Alle wichtigen Fachausdrücke finden Sie in Wort und Bild erklärt. Schon bei der Darstellung der theoretischen Grundlagen wird Schritt für Schritt vorgegangen. Die Praxis beginnt dann mit der Auswahl und Handhabung des richtigen Werkzeuges. Der Wundpflege wird ihrer Wichtigkeit wegen ein breiter Raum eingeräumt.

Eingeführt in den Obstbaumschnitt werden Sie an Hand eines Apfelbuschbaumes, dessen Wuchsverhalten und die daraus resultierenden Schnittmaßnahmen bis in alle Einzelheiten erläutert werden. Hierauf aufbauend werden Halb- und Hochstamm, Hohlkrone und Spindelbusch sowie Besonderheiten beim Kernobst besprochen. Wenn Sie dieses Gebiet verstanden haben, werden Sie auch mit den beschriebenen Ausnahmen beim Steinobst gut zurechtkommen. Schließlich wird auch ausführlich das Beerenobst behandelt und unter anderem gezeigt, warum und auf welche Weise Rote und Schwarze Johannisbeere unterschiedlich zu schneiden sind. Sie werden feststellen, daß der Schnitt der Sträucher leichter zu verstehen ist als der der Beerenstämmchen. Natürlich werden neben den Johannisbeeren auch alle anderen wichtigen Beerenobstarten vorgestellt.

Mein Dank gilt zum einen Herrn Helmut Jantra, Fachredakteur bei »mein schöner Garten«, der die Verbindung zum FALKEN Verlag hergestellt hat. Weiterhin möchte ich meiner Ehefrau, Gisela Wilhelm, ganz herzlich für die interessierte Mitarbeit und die Auswahl der Fotos danken, die als Vorlagen für viele Zeichnungen gedient haben. Möge das Buch einen weiten Leserkreis finden; denn allzu viele Obstgärten lassen erkennen: Schnitt tut dringend not.

Berlin, im Frühjahr 1991

Paul Gerhard Wilhelm

Der Obstgehölzschnitt als Pflegemaßnahme

Viele Gartenbesitzer kennen kaum etwas Schöneres, als jedes Jahr gesunde, große und natürlich wohlschmeckende Früchte von gut entwickelten Bäumen und Sträuchern im eigenen Garten zu ernten. Dazu trägt sachgemäßer Schnitt entscheidend bei. Er verbessert nachhaltig die Leistungsfähigkeit der Obstgehölze und fördert Größe und Qualität der Früchte. Der unerfreuliche Wechsel zwischen ertragsstarken und ertragsschwachen Jahren verringert sich, die Bäume fruchten gleichmäßiger als sonst. Auch die Lebensdauer eines Baumes wird durch diese Pflegemaßnahme verlängert. Wenn man die Grundregeln des Schnittes weitgehend beachtet, ist es kein Problem, die Baumkronen so niedrig und locker zu halten, wie es wünschenswert ist. Die fruchtbaren Zonen im unteren Bereich bleiben dann lange leistungsfähig. Der Schnitt selbst, sonstige Pflegemaßnahmen und die Ernte werden erleichtert. Gut geschnittene Kronen bieten die Gewähr, daß alle Teile ausreichend mit Licht und Luft versorgt sind, minderwertige Schattenfrüchte wird man deshalb hier kaum finden. Baum und Früchte bleiben gesund oder sind zumindest weniger anfällig als ohne Schnitt. Krankheiten und Schädlinge treten seltener auf, so daß die Notwendigkeit von Pflanzenschutzmaßnahmen abnimmt. Das bedeutet gleichzeitig Schonung der Umwelt. Was beim Schnitt an Zeit aufgewendet wird, läßt sich schließlich bei den anderen Pflegemaßnahmen einsparen.

Da der Obstbaumschnitt ein recht schwieriges Gebiet ist, wird im folgenden versucht, die allgemein gültigen Schnittregeln so zusammenzustellen und vor allem zeichnerisch zu erklären, daß bei deren Anwendung auch vernachlässigte Bäume wieder »in Form« gebracht werden können. Die grundlegendsten Schnittregeln bzw. -ziele seien hier vorweg genannt:

● Die Baumkrone ist unten immer breiter zu halten als oben.

● Weiterhin darf der Mittelast (S. 8, Abb. **1:** *M*) nicht zu hoch wachsen. Deshalb sollte man einen großen, also nicht zu spitzen Kronenwinkel anstreben. Dieser Kronen- oder Abdachungswinkel ergibt sich an der Spitze des Mittelastes, wenn man sie mit den Enden der Leitäste 1. Ordnung durch gedachte Linien verbindet (vgl. S. 60, Abb. **145, 147**).

● Die Krone darf sich an ihrer Peripherie nie durch Trieb- und Zweigbüschel so stark verdichten, daß ein Großteil des Kroneninnern im Schatten liegt.

● Alle Kronenteile sollten stets möglichst viel Sonnenlicht erhalten; denn je mehr das Kroneninnere beschattet wird, desto weniger Blüten und Früchte können sich bilden. Doch nicht nur die Erntemenge verringert sich dann, auch Geschmack, Aussehen und gesundheitlicher Wert des Obstes werden beeinträchtigt.

Hinweise zu den Abbildungen in diesem Buch

Der Obstgehölzschnitt läßt sich ohne Anschauungsmaterial kaum verständlich darstellen. Deshalb werden, wie bereits erwähnt, die im Text beschriebenen Zusammenhänge und Maßnahmen durch zahlreiche Abbildungen erläutert. Zur besseren Orientierung sind diese durchnumeriert, wobei die Nummern sowohl in den Zeichnungen selbst als auch vor den jeweiligen Bildunterschriften stehen. Im Text verweisen die **halbfetten** Ziffern auf die zugehörigen Zeichnungen oder Fotos, die Sie in der Regel auf derselben Seite finden.

Die Bezeichnungen der Baumteile, wie der Triebe oder der Knospen, wurden in den Zeichnungen aus Gründen der Übersichtlichkeit mit einem oder wenigen Buchstaben abgekürzt. Was sich hinter diesen Buchstaben verbirgt, wird schnell aus dem zugehörigen Text ersichtlich, in dem die Abkürzungen *kursiv* gesetzt sind. Das »Abc der Kronenteile« auf den nächsten beiden Seiten bietet bereits einen Überblick über die wichtigsten Begriffe mitsamt ihren Abkürzungen, die Ihnen im Buch immer wieder begegnen werden.

Alle Schnittmaßnahmen, die beschrieben sind, lassen sich leicht an Hand der Abbildungen nachvollziehen. Die richtigen Schnittstellen sind in den Zeichnungen durch kleine grüne Balken (Schnittstriche) gekennzeichnet.

Das Abc der Kronenteile

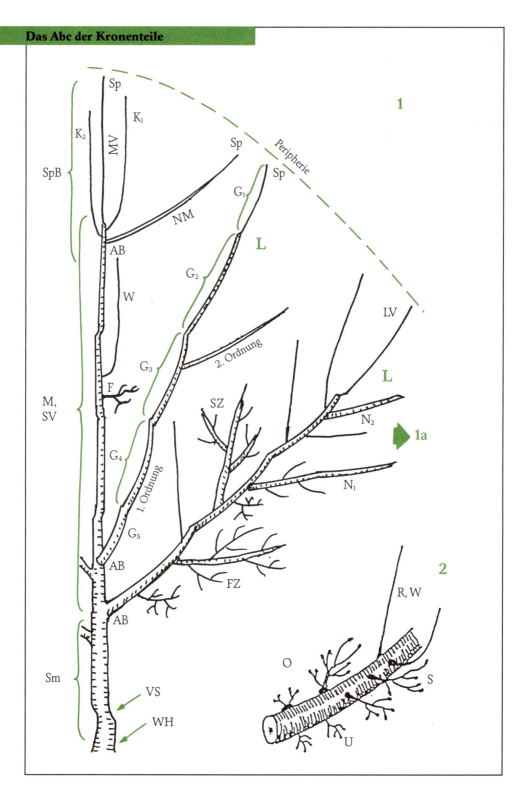

Das Abc der Kronenteile

Kronenteil	Abkürzung
Astbasis (mit Astring)	*AB*
Fruchtholz	*F*
Fruchtzweig	*FZ*
Gabelast	*GA*
Gliederung am Leitast	G_1–G_5
Konkurrenztrieb	K_1
2. Konkurrenztrieb	K_2
Leitast	*L*
Leitastverlängerung	*LV*
Mittelast	*M*
Mittelastverlängerung	*MV*
Nebenast	*N*
Nebenast am Mittelast	*NM*
Oberseitenholz	*O*
Ordnung, 1. und 2.	
Quirlholz	*Q*
Reitertrieb	*R*
Seitenholz	*S*
Spitze	*Sp*
Spitzenbereich	*SpB*
Stamm	*Sm*
Stammverlängerung	*SV*
Ständer(zweig)	*SZ*
Triebbasis	*TB*
Unterseitenholz	*U*
Veredlungsstelle	*VS*
Verlängerungstrieb	*V*
Wasserschoß	*W*
Wurzelhals	*WH*
Zweigbasis (mit Zweigring)	*ZB*

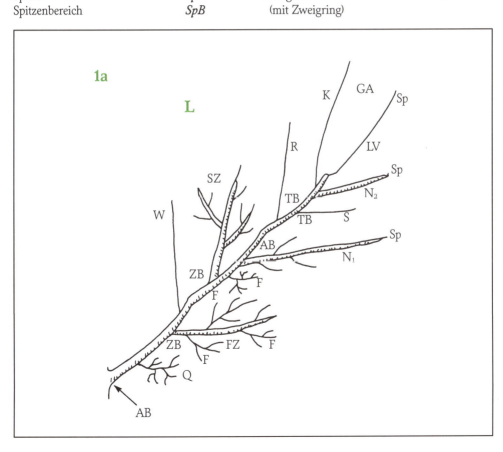

1a

Theoretische Voraussetzungen

Wachstumsgesetze

Um die Schnittmaßnahmen und ihre Auswirkungen zu verstehen, muß man zunächst wissen, daß sich bestimmte Kronenteile und Knospen je nach Stellung und Anordnung unterschiedlich entwikkeln. Dies machen wir uns am besten an einfachen Beispielen der Wachstumsgesetze klar.

Das wichtigste Wachstumsgesetz ist das der Spitzenförderung. Es besagt kurz: Je höher eine Knospe steht, desto kräftiger treibt sie aus. Dafür sorgt ein fein abgestimmtes Zusammenspiel verschiedener Pflanzenhormone, die als Wuchs- oder als Hemmstoffe wirken. Mit der Förderung höher stehender Knospen werden gleichzeitig tiefer stehende Baumteile gehemmt und Neuaustrieb im unteren Stammbereich unterdrückt – so entsteht das typische Wuchsbild eines Baumes.

Umgekehrt verhält es sich bei den Sträuchern. Hier entwickeln sich die Knospen im unteren Bereich zu den größten und stärksten Trieben, wodurch eine ständige Erneuerung von unten stattfindet. Es kommt dadurch zu einem Wuchsbild, wie wir es z. B. von den Johannisbeersträuchern kennen.

Zunächst geht es hier jedoch um das Wuchsverhalten bei Bäumen, das wir an verschieden gerichteten Trieben bzw. Zweigen verfolgen wollen, um dann die geeigneten Schnittmaßnahmen zu besprechen.

Die **Triebspitzenförderung** bewirkt bei unserem Beispiel **3**, daß sich aus der End- oder Terminalknospe *(T)* eines aufrechten, senkrecht gewachsenen Zweiges ein kräftiger Verlängerungstrieb *(V)* gebildet hat. Die darunter befindlichen 1, 2 oder mehr Knospen können zusätzlich steile Seitentriebe *(S)* hervorbringen, die jedoch etwas flacher verlaufen und schwächer wachsen als der Spitzentrieb. Zur Basis hin nimmt die Triebkraft immer mehr ab, der Austriebswinkel dagegen zu, so daß hier die Seitentriebe fast im 90°-Winkel von der Mittelachse abgehen. Steiltriebe wie der Konkurrenztrieb *(K)* eignen sich weder als gutes Fruchtholz noch als zukünftige Leitäste. Da steile Seitentriebe 1. Ordnung die Krone zu eng machen und bei späterer Belastung leicht ausschlitzen, müssen sie bereits beim Pflanz- und Aufbauschnitt, aber auch in späteren Jahren entfernt werden. Dagegen sind die mittleren Seitentriebe *(S)* mit einem Winkel von 30–60° besser verankert und als zukünftige Leitäste geeignet; infolge des mittelstarken Wuchses werden sie früher fruchtbar und entwickeln sich zu gut tragfähigen Ästen. Die schwächsten, basisnahen Triebe *(F)* fruchten zuerst und haben deshalb Bedeutung für den Anfangsertrag.

Das Prinzip der **Oberseitenförderung (4)** kann an waagerecht stehendem Holz gut beobachtet werden. Die Knospen auf der Oberseite werden am besten versorgt, so daß hier längere Oberseitentriebe *(O)* hervorbrechen; bei altem Holz (Ästen) bilden sich oberseits lange Reitertriebe und Wasserschosse. Auf Zweigen bleiben die Oberseitentriebe meist als Verjüngungsfruchtholz stehen, auf Ästen werden sie als unerwünschte Schößlinge größtenteils ohne Rest beseitigt. Die Terminalknospe *(T)* treibt nur einen kurzen Verlängerungstrieb *(V)*. Auch der Konkurrenztrieb *(K)* ist hier nur schwach und kann stehenbleiben. Seitlich angelegte Knospen bilden kaum mittelstarke Fruchttriebe *(F)*,

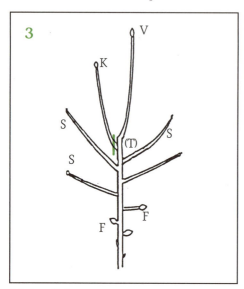

3 *Spitzenförderung*

Wachstumsgesetze

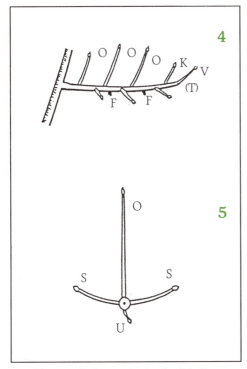

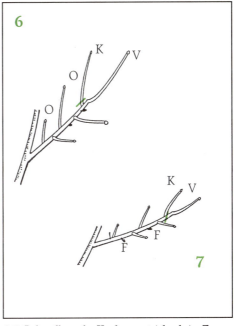

4, 5 *Oberseitenförderung; 5 zeigt deutlich die unterschiedliche Entwicklung an den vier Astseiten*

6, 7 *Behandlung des Konkurrenztriebes beim Zusammenwirken von Spitzen- und Oberseitenförderung*

die aber wertvoll sind. An der Unterseite entstehen nur kurze Sprosse, an denen sich erste Früchte bilden. Später bekommt das Unterseitenholz zuviel Schatten und ist zu entfernen. **5** zeigt einen senkrechten Schnitt durch denselben Zweig. Rings um diesen steht das Seitenholz, das links und rechts als echtes Seitenholz *(S)*, oben als Oberseitenholz *(O)* und unten als Unterseitenholz *(U)* bezeichnet wird. Bei schräg aufwärts gerichteten Zweigen **(6)** und Ästen wirken Spitzen- und Oberseitenförderung zusammen. Verlängerungstrieb *(V)* und Konkurrenztrieb *(K)* wachsen etwa gleich stark. Die nachfolgenden Oberseitentriebe *(O)* sind wie beim vorher besprochenen Beispiel zu bewerten und zu behandeln. Wachsen solche schräg gerichteten Zweige und Äste ziemlich steil, dann wird man den Konkurrenztrieb grundsätzlich entfernen **(6: Schnittstrich)**, bei flachem Verlauf dagegen kaum. Im unteren Kronenbereich kann es günstig sein, den Verlängerungstrieb *(V)* auf den steiler stehenden Konkurrenztrieb *(K)* aufzuleiten, wie es in der Fachsprache heißt. Das bedeutet, daß man *V* bis *K* zurückschneidet, der bisherige Konkurrenztrieb wird so zum neuen Verlängerungstrieb des Zweiges oder Astes **(7: Schnittstrich)**.

Scheitelpunktförderung (8): Ein bogenartig überhängender Zweig oder Ast treibt an seiner höchsten Stelle, dem Scheitelpunkt *(Sch)*, die kräftigsten Triebe. Mehrjährige Fruchtbögen sollte man bis zum Scheitelpunkttrieb einkürzen (verjüngen) (vgl. Schnittstrich). Auch Äste werden in dieser Weise verjüngt.

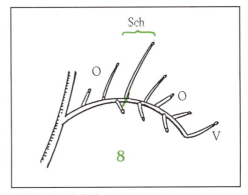

8 *Scheitelpunktförderung*

Theoretische Voraussetzungen

Basisförderung (9): Vor allem bei der Sauerkirsche, aber auch bei anderen Obstarten sieht man häufig peitschenartig herabhängende Zweige. Ein solcher Zweig hat seine höchste Stelle in der Nähe der Basis, also nahe bei seinem Ursprung am Ast, so daß es hier zu stärkerem Austrieb kommt. Wenn Jungtriebe dieser Art bei drei- bis vierjährigem Holz ausbleiben, fehlt es entweder an Nährstoffen oder die Krone ist zu dicht bzw. zu stark vergreist. Der hängende Fruchtzweig *(FZ)*, die »Peitsche«, sollte bei Sauerkirschenbäumen nach viermaligem Fruchten bis zu einem jungen Basistrieb *(BT)* weggeschnitten werden.

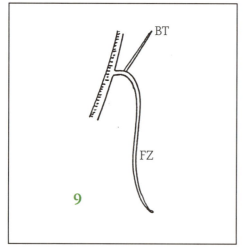

9 *Basisförderung*

Wuchsunterschiede

Der unterschiedliche Wuchs von Seitentrieben je nach Stellung und Art soll an Hand einiger Beispiele verdeutlicht werden. Die Weiterentwicklung eines Seitentriebes hängt ab von:
● Höhe, Abgangswinkel, Stärke und/oder Länge der Zweige oder Äste.
Die Auswirkungen dieser vier Faktoren werden in den Beispielen **10–13** einzeln dargestellt.
Höhe (10): Ein hoch stehender Zweig *(a)* ist wüchsiger als ein tief stehender *(b)*, wobei das Gesetz der Spitzenförderung eine Rolle spielt.

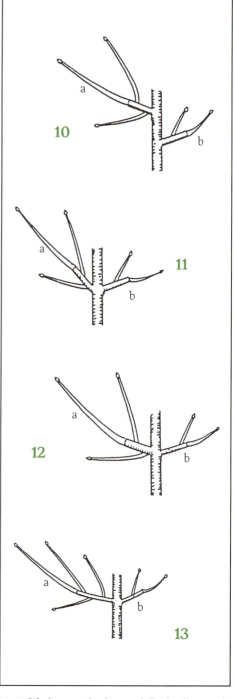

10–13 *Wuchsunterschiede je nach Triebstellung und Triebart: Höhe* **(10)**, *Abgangswinkel* **(11)**, *Stärke* **(12)** *und Länge* **(13)** *der Zweige oder Äste beeinflussen maßgeblich die weitere Entwicklung*

Wuchsunterschiede

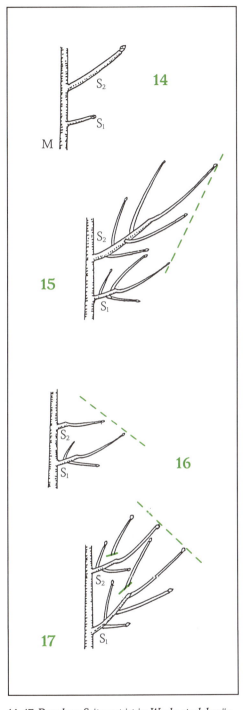

14–17 *Der obere Seitenast ist im Wuchs stark begünstigt und entwickelt sich entsprechend* (15). *Hier ist ein sachgemäßer Nachschnitt* (16) *unverzichtbar; bei* 17 *wurde frühzeitig richtig angeordnet*

Abgangswinkel (11): Bei steilem Wuchs *(a)* ist der Austrieb kräftiger als bei flachem Verlauf *(b)*. Auch dieser Unterschied wird durch die Spitzenförderung bewirkt.

Stärke (12): Dickes Holz *(a)* besitzt mehr Reserven als dünneres *(b)* und treibt deshalb stärker aus.

Länge (13): Desgleichen weist langes Holz *(a)* größere Triebkraft auf als kürzeres *(b)*.

Wie diese knappen Darlegungen bereits erkennen lassen, gibt es innerhalb der Krone wuchsfördernde und -hemmende Einflüsse, die man beim Schnitt bedenken und berücksichtigen muß. Festzuhalten bleibt:

● In Austrieb und Wuchs gefördert sind hohe, steile, dicke und lange Zweige und Äste. Tiefes, flaches, dünnes und kurzes Holz dagegen ist im Wuchs gehemmt.

Wie oft kommt es bei ungeschnittenen oder unsachgemäß geschnittenen Bäumen vor, daß sich im oberen Kronenteil alle wachstumsfördernden Kräfte sammeln, während für den unteren Bereich der Krone nur wuchshemmende Faktoren übrigbleiben. Die unten stehenden Äste haben keine Chance mitzuhalten, ihre Triebkraft ist gering. Unser Beispiel **(14)** zeigt an einem Mittelast *(M)* 2 Seitenäste: S_1 steht tief und flach, ist dünn und kurz; S_2 steht hoch und steil, ist dick und lang, besitzt also alle wuchsfördernden Eigenschaften. Entsprechend stark ist der Austrieb **(15)**. Dadurch ergibt sich ein unmöglicher Kronenwinkel (vgl. Linie). Duldet man diese Entwicklung, ist oben mit noch üppigerem Zuwachs zu rechnen, während die untere Partie rasch vergreist und nur geringe Erträge bringt. Für die Praxis folgt daraus: Sobald sich im oberen Kronenteil wüchsigere Äste zeigen als unten, ist ein angemessener Schnitt nötig. Das Schnittergebnis sieht man in **16**: Ein guter Kronenwinkel schafft günstige Ausgangsbedingungen für die Weiterentwicklung.

Gehen wir noch einmal zu unserem ersten Beispiel **(14)** zurück. Wenn dort das Seitenholz rechtzeitig umgekehrt angeordnet worden wäre, so hätte sich ein Bild wie in **17** statt des unmöglichen Winkels in **15** ergeben. Die richtige Anordnung der Seitenäste **(17)** läßt die untersten Äste nicht verkümmern, bedeutet im ganzen weniger Schnitt, geringere Mühe und mehr Erfolg.

Theoretische Voraussetzungen

Schnittgesetze

Wird ein senkrecht stehender Trieb **(18)** schwach bzw. lang angeschnitten *(a)*, so ist nur ein schwacher Austrieb **(19)** zu erwarten; Knospen im unteren Bereich treiben dann nicht aus. Erfolgt der Anschnitt dagegen stark bzw. kurz **(18: *b*)**, dann reagieren die übriggebliebenen Knospen mit starkem Austrieb **(20)**. Dasselbe gilt bei gleichmäßigem Schnitt einer Baumkrone **(21)**, wenn also Mitteltrieb und Seitentriebe gleich stark bzw. schwach zurückgenommen werden. Schwacher Schnitt *(a)* führt zu schwachem Austrieb der ganzen Baumkrone **(22)**, bei starkem Rückschnitt dagegen **(21: *b*)** ist mit stärkerem Durchtrieb zu rechnen **(23)**.

Hieraus ergibt sich das
- **1. Schnittgesetz:** Je stärker der Rückschnitt insgesamt, desto mehr wird der Neutrieb gefördert.
- Weiterhin gilt: Schwach wachsende oder alte Bäume brauchen mehr Schnittanregung als wüchsige oder jüngere, die zurückhaltender zu schneiden sind.

Wird eine Krone dagegen ungleichmäßig geschnitten **(24)**, so erfolgt eine Umkehr der vorstehenden Regel **(25)**: Die stark geschnittene und dadurch untergeordnete Seite *(c)* bleibt in ihrer Weiterentwicklung zurück. Dagegen behält der schwach geschnittene Trieb *(b)*, der höher steht als *c*, auf Grund der Spitzenförderung die Oberhand. Die Mittelastverlängerung bleibt dagegen trotz schwachen Schnittes *(a)* dominant, da sich auch bei geringem Einkürzen die Triebspitzenförderung stark auswirkt. Längerfristig wird sich bei ungleichmäßigem Schnitt der bereits in Führung

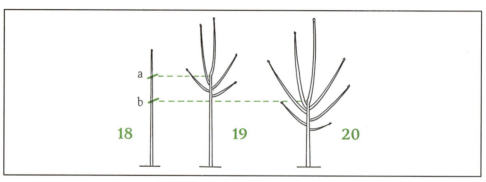

18–20 *Anschnitt eines senkrecht stehenden Triebes: schwacher Schnitt (a) führt zu schwachem Austrieb (19), starker Schnitt (b) zu starkem Austrieb (20)*

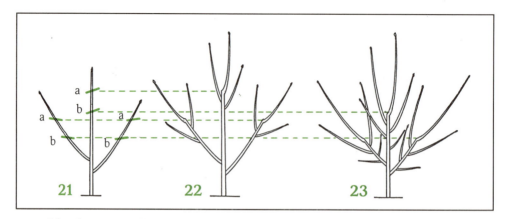

21–23 *Schneidet man einen Baum insgesamt schwach zurück (a), treiben nur wenige Knospen aus (22). Starker Rückschnitt (b) führt dagegen zu kräftigem Austrieb (23). Während der Erziehungszeit sollte man anstreben, daß alle Knospen austreiben, und zwar zur Spitze hin stark, zur Basis hin schwach*

gegangene Zweig *(b)* noch stärker entwickeln, die untergeordneten Teile *(c)* sind weiterhin gehemmt. Korrektur **(26)**: Damit der schwächere, unterdrückte Zweig *(c)* wieder aufholen kann, sollte er gar nicht oder nur schwach angeschnitten werden. Dagegen muß man den übergeordneten Zweig *(b)* stark zurücknehmen. Enden anschließend die Astspitzen in gleicher Höhe, so daß sie sich in der sogenannten Saftwaage *(SW)* befinden, dann wird das Gleichgewicht wieder hergestellt. Starke Oberseitentriebe (wie *O* und *K* in **25**) werden entfernt. Daraus läßt sich nun ein weiteres Schnittgesetz ableiten:

- **2. Schnittgesetz:** Schneidet man unter sonst gleichen Bedingungen einen Teil schwach (oder gar nicht), den anderen aber stark zurück, dann ergibt sich eine Umkehr des 1. Schnittgesetzes.

Daraus folgt für die Praxis:

- Höher stehendes, oft stärker wachsendes Holz muß stärker, tiefer stehendes, oft schwächeres muß schwach geschnitten werden.

Wachstumsbegünstigte Teile **(25:** *b)* müssen deshalb mindestens auf die Höhe des benachteiligten Holzes **(25:** *c)* zurückgenommen werden.

Die Mittelastverlängerung *(M)* in unserem Beispiel **(25)** ist zu wüchsig und wird deshalb auf den untersten Seitentrieb *(S)* abgeleitet **(26)**. Um diesen in die Mittelachse zu bringen, wird er an einen Stummel *(St)* gebunden (Pfeil). Damit dieser Stummel nicht abstirbt, muß man ihm wenigstens eine Triebknosppe belassen. Deren Austrieb wird bereits Ende Mai entspitzt, um ihn kurz zu halten (vgl. Kapitel »Frühsommerschnitt«, S. 55).

Schnittziele

Schnittziele in Abhängigkeit vom Baumalter

Das wichtigste, übergeordnete Ziel ist das Erreichen und Erhalten bzw. das Wiederherstellen des physiologischen Gleichgewichts. Hierunter versteht man den ausgewogenen Zuwachs von Holz- und Fruchttrieben, der die Voraussetzung für regelmäßige mittelhohe Ernten darstellt.

Bei jüngeren Bäumen (27) ist das physiologische Gleichgewicht noch stark zugunsten der Bildung von Holztrieben verschoben. Es dauert einige Zeit, bis im unteren Bereich zunehmend Fruchttriebe und -zweige gebildet werden. Dieser allmähliche Übergang vom Jugend- zum Ertragsstadium vollzieht sich bei schwach wachsenden Bäumen wesentlich früher als bei stark wachsenden wie z.B. den Hochstammformen. Da jeder Spätwinterschnitt den Holztrieb noch stark anregt, sind Pflanz- und Erziehungsschnitt auf das Notwendigste zu beschränken. Dagegen sollte die Möglichkeit zur Sommerbehandlung genutzt werden, da sie den Blütenknospenansatz begünstigt. Erstes Blühholz ist zu schonen und ungekürzt zu lassen.

Im Haupttragsalter (28) ist das physiologische Gleichgewicht erreicht. Man versucht, es so lange wie möglich zu erhalten, was nur durch angemessenen Ertrags-, Auslichtungs- und leichten Verjüngungsschnitt gewährleistet wird. In erster Linie entfernt man starke Holztriebe im Spitzenbereich

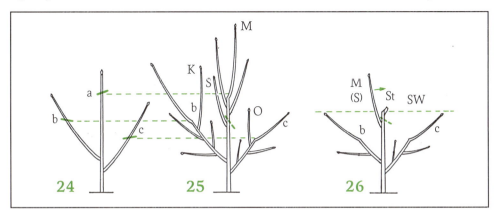

24–26 *Bei ungleichmäßigem Schnitt entwickelt sich ein schwach angeschnittener Trieb (b) deutlich besser als ein kräftig zurückgeschnittener (c), da ersterem die Spitzenförderung zugute kommt. Zur Korrektur wird auf Saftwaage geschnitten und die Mittelastverlängerung tiefer gesetzt* **(26)**

Theoretische Voraussetzungen

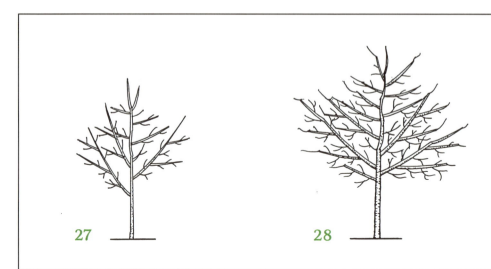

27 *Ertragsbeginn: Die Bildung von Holztrieben überwiegt; es wird zurückhaltend geschnitten*

28 *Ertragsalter: Holz- und Fruchttriebbildung sind im Gleichgewicht; es wird vorwiegend ausgelichtet*

und altes Fruchtholz. Gleichzeitig sollte die Kronenausdehnung etwas eingeschränkt werden.
Alte, vernachlässigte Kronen mit herabhängenden Zweigen (29) bilden zuwenig Holztriebe und zuviel Fruchtholz, auch im obersten Bereich. Da gerade auch das überlagernde Fruchtholz im oberen Kronenteil die Vergreisung fördert, muß es immer wieder verringert werden, um mehr verjüngende Holztriebe zu bekommen. Wo die Vergreisung bereits so stark fortgeschritten ist, daß Äste an der Basis kahl sind, vermag nur eine starke Verkleinerung der Krone den Trieb genügend anzuregen. Dadurch läßt sich das physiologische Gleichgewicht wieder herstellen. Verjüngte Kronen sollte man nur wenig größer werden lassen.

Die Knospenbildung

Im selben Jahr, in dem ein Trieb entsteht, bilden sich in seinen Blattachseln bereits die sogenannten **Augen** (30: Pfeile). Zuweilen werden sie erst nach dem Laubfall als **Knospen** bezeichnet (32), doch in der Praxis unterscheidet man die beiden Begriffe nicht so streng. Aus diesen Knospen können sich dann im darauffolgenden Jahr Holz- oder Fruchttriebe entwickeln (31).

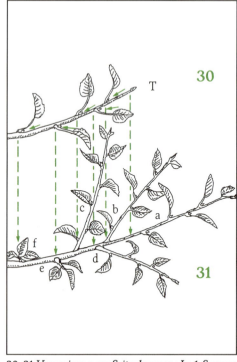

30, 31 *Verzweigung aus Seitenknospen: Im 1. Sommer werden in den Blattachsen des Laubtriebes Augen angelegt (30), im 2. Sommer entstehen daraus neue Triebe (31), der vorjährige Sproß verzweigt sich*

Die Knospenbildung

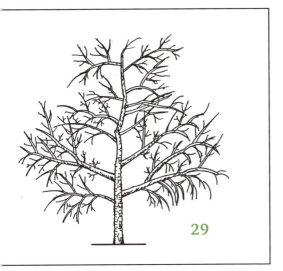

29 *Altersstadium: Das Fruchtholz überwiegt; nun wird stärker geschnitten und öfter verjüngt*

Seitenknospen, die zur Verzweigung beitragen (30), sind zur Triebspitze hin und auf der Trieboberseite kräftig ausgebildet (vgl. **31:** *b,c).* Echte Seitenknospen weisen eine mittlere Größe auf und bringen hauptsächlich mittellanges bis kurzes Seiten- oder Fruchtholz hervor (**31:** *d,e,f).* An der Triebunterseite und zur Basis hin ist die Knospenentwicklung im allgemeinen schwach, so daß hier nicht alle Knospen austreiben.

Holzknospen sind schlank und spitz (**32:** *b).* Aus ihnen gehen neue Triebe hervor, wobei sich aus der Endknospe ein Verlängerungstrieb entwickelt (**30:** *T,* **31:** *a),* während Seitenknospen Lang- und Kurztriebe (30, 31) hervorbringen.

Blattknospen an Kurztrieben des Kernobstes sind fast so dick wie Blütenknospen, bilden aber nur eine Blattrosette mit etwa 3 Blättern und 1 Blattknospe aus (33). Diese wird nur dann zu einer Blütenknospe, wenn sich im nächsten Sommer eine

Beim Kernobst sind die Knospen mehrere Jahre lebensfähig, beim Steinobst meist nur 1 Jahr, so daß Zweige in der Nähe des Stammes leicht aufkahlen, falls es an starkem Schnitt fehlt. Eine **End- oder Terminalknospe** *(T),* aus der sich ein Verlängerungstrieb entwickeln kann, befindet sich beim Kernobst nur an den Langtrieben (**30, 32:** *a);* an Kurztrieben sitzen Blatt- oder Blütenknospen (33, 34). Beim Steinobst endet meist jeder Trieb in einer Terminal- oder Triebknospe.

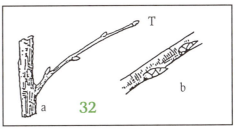

32 *Trieb mit Holzknospen (a), die durch ihre schlanke, spitze Form (b) leicht zu erkennen sind*

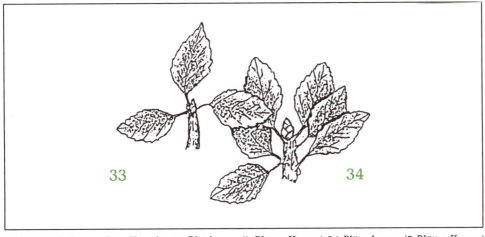

33, 34 *Runde Knospen beim Kernobst:* 33 *Blattknospe (3-Blätter-Knospe);* 34 *Blütenknospe (5-Blätter-Knospe)*

Theoretische Voraussetzungen

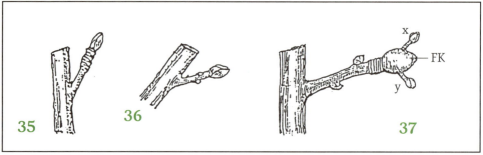

35 *Ringelspieß beim Apfel*

36 *Kurztrieb mit Blütenknospe (Kernobst)*

37 *Fruchttrieb mit Fruchtkuchen, der 2 kurze Sprosse trägt*

Rosette aus wenigstens 5 großen Blättern (34) entwickelt. Trägt ein Kurztrieb an seinem Ende mehrere Jahre hintereinander eine Blattknospe, so entsteht ein Ringelspieß (35). Blattknospen (37: *x, y*) gehen auch aus Fruchtkuchen *(FK)* hervor.

Blütenknospen, überwiegend von runder Gestalt, werden ab einem bestimmten Baumalter gebildet. Je schwächer die jeweilige Kombination von Unterlage und Edelsorte wächst, desto früher ist mit Blütenknospen zu rechnen. Bei Apfel und Birne (36) gehen sie aus 5-Blätter-Knospen (34) hervor, von denen jede Anlagen für Blüten und Blätter enthält. Beim Steinobst dagegen finden sich in einer Blütenknospe nur Blütenorgane (38), es handelt sich also um reine Blütenknospen.

»Gemischte« Knospen, wenn auch anderer Art als beim Kernobst, treffen wir beim Steinobst jedoch ebenfalls an. Eine Holzknospe wird von 1 bis 2 seitlich sitzenden Blütenknospen flankiert (39), bei der Aprikose auch von mehreren. Beim Steinobst finden sich außerdem Bukettknospen (40), bei denen mehrere Blütenknospen eine Triebknospe umgeben.

Nebenknospen (Beiaugen) begleiten normale Holzknospen im Mittelteil von Langtrieben. Zum Austrieb kommen sie aber nur, wenn die Hauptknospe beschädigt ist. Bei Pfirsich, Pflaume und Walnuß werden aus diesen Beiaugen oft Blütenknospen.

Schlafende Knospen bzw. Augen befinden sich am Astring von Trieben, Zweigen und Ästen. Wird beim Wegschnitt der Astring weitgehend geschont, so haben die schlafenden Augen an dieser Stelle die Möglichkeit auszutreiben.

Adventivknospen bilden sich nachträglich im Kambium, dem stets teilungsfähigen Bildungs- oder Zuwachsgewebe, und können an allen Stellen entstehen, auch am älteren Holz. Allerdings bedarf es dazu eines sehr starken Anreizes (Schnitt, Düngung usw.). Die Adventivtriebe, die sich dann entwickeln, sind überwiegend Wasserschosse.

Die Triebbildung

Als Trieb bezeichnet man den letzten, jüngsten Zuwachs, der in der Regel aus Holzknospen hervorgeht. Auf die wichtigsten Triebarten wird im folgenden eingegangen.

Vorzeitige Triebe: Aus **30** und **31** wurde deutlich, daß Seitentriebe zunächst im 1. Jahr als Augen in den Blattachseln angelegt werden, um dann im 2. Jahr auszutreiben. Bei den vorzeitigen Trieben dagegen erfolgt der Austrieb bereits im selben Jahr, in dem die Augen entstehen. Bei jungen Bäumen sind vorzeitige Triebe zuweilen erwünscht, bei älteren jedoch nicht mehr, da sie die Blütenknospenbildung an ihrer Basis verhindern, was man besonders beim Pfirsich beobachten kann. Hier hilft dann ein Rückschnitt im Juli auf ein Blatt.

Langtriebe, deren Knospen weit auseinander stehen, entwickeln sich meist aus endständigen Holzknospen oder Terminalknospen und aus Oberseitenknospen im Spitzenbereich. Auch Reitertriebe und Wasserschosse aus Adventivknos-

Die Triebbildung

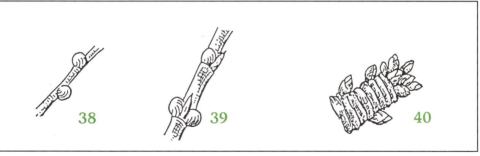

38 Blütenknospen beim Pfirsich

39 Gemischte Knospen (Steinobst)

40 Bukettzweig mit Blütenknospen und 1 Triebknospe

pen sind Langtriebe. Einjährige Langtriebe (Zweige) des Kernobstes tragen an der Spitze und in der Triebmitte vor allem triebkräftige Holzknospen, bei schwächerem Wuchs auch vereinzelt Blütenknospen. Beim Steinobst findet man an den einjährigen Langtrieben – abgesehen von sehr wüchsigen Zweigen – seitlich schon zahlreiche Blütenknospen, an der Spitze aber stets eine Holz- oder Terminalknospe. Beim Pfirsich gehören Langtriebe als wahre Fruchttriebe zum besten Fruchtholz. Die Bildung von Langtrieben läßt sich durch Einkürzen von Trieben fördern, aber auch durch Auf- oder Ableiten auf Triebe, Zweige und Nebenäste (vgl. Seite 27). Zu viele Langtriebe gehen jedoch zu Lasten der Fruchtbarkeit, da sie den Ansatz von Blütenknospen für das nächste Jahr verhindern. Bei zu starker Langtriebentwicklung hilft nur ein Wegschnitt im Sommer. Generell sollte man bei zu wüchsigen Bäumen sämtliche Schnittarbeiten in den Sommer verlegen. Ein natürliches Mittel gegen übermäßige Langtriebbildung sind jährliche gute Erträge.

Kurztriebe werden bis etwa 30 cm lang und weisen eine mehr oder weniger enge Knospenstellung auf. Ab einem bestimmten Baumalter kommt es beim Kernobst an diesen Kurztrieben zur Bildung endständiger Blütenknospen. Die seitlichen Knospen bringen Kurzsprosse hervor, die wiederum in Blatt- oder Blütenknospen enden. Beim Steinobst finden sich an schwachen Seitentrieben erste Blütenknospen, entweder einzeln oder neben einer Holzknospe. Der **Bukettzweig (40)** ist eine besondere Form des Kurztriebes.

Zu starker Fruchtbehang fördert Kurztriebigkeit sowie Vergreisung und bewirkt einen ausgeprägten Wechsel zwischen ertragsschwachen und ertragsstarken Jahren, die sogenannte Alternanz, die vor allem bei Apfel und Birne, aber auch bei der Pflaume auftritt. Dagegen hilft das Ausdünnen des Fruchtbehanges und des Fruchtholzes bei gleichzeitiger Förderung der Langtriebbildung.

Fruchtkuchen (37) entstehen beim Kernobst oberhalb der Fruchtstiele und entwickeln während der Fruchtausbildung seitlich 1 bis 2 Blattknospen *(x, y)*, die ein Jahr später Blütenknospen bilden können.

Die Fruchtkuchen enthalten reichlich Stoffe, die das Blühen und Fruchten fördern. Über mehrere Jahre kann man sie als hagebuttenartige Verdikkungen gut erkennen. Bei etwas älterem Fruchtholz, das keine Fruchtkuchen aufweist, kann man davon ausgehen, daß es seit Jahren nicht mehr getragen hat. Solche Fruchtholzpartien, die meist mit kleinen Blattknospen besetzt sind, werden beim Fruchtholzschnitt im Winter entfernt.

Praktische Voraussetzungen

Die Schnittwerkzeuge

Geeignetes, gutes und scharfes Werkzeug ist auch für Hobby-Obstgärtner unverzichtbar. Bei der Wahl zweckmäßiger Scheren, Sägen und Messer verschiedener renommierter Firmen können Ihnen nachstehende Ausführungen sicher weiterhelfen.

Gartenscheren

Die nur 19–22 cm langen Garten-, Trieb- oder Zweigscheren eignen sich zum Schneiden von Trieben und dünneren Zweigen, aber auch für andere Schnittarbeiten im Garten. Zum Schnitt von Obstbäumen, besonders von jüngeren, sollte man eine Präzisionsschere verwenden, sie aber nicht für andere Zwecke einsetzen (I).
Von den zwei bis drei unterschiedlichen Ausführungen stehen zur Wahl: Schwalbenschwanzscheren, ein- oder zweischneidig, und Amboßscheren.
Die **Amboßscheren** haben eine gerade Schneide und einen etwa 1/2 cm breiten Amboß, gegen den das Holz beim Schnitt gedrückt wird. Da eine Seite des Ambosses über die Breite von etwa 1/4 cm den Rindenrand mehr oder weniger stark quetscht, scheidet diese Schere für den Schnitt von jüngeren Obstbäumen aus. Bei älteren Bäumen und beim Beerenobst dagegen kann man sie meist ohne Bedenken verwenden. Besonders leichtes Schneiden ermöglichen beispielsweise Gardena 356 (I: *h*) und Felco 30 (I: *i*).
Schwalbenschwanzscheren haben eine breite, dünne Schneidklinge und eine vorbeigleitende Gegenklinge mit mehr oder weniger dickem Bakken. Dieser quetscht den Rindenrand nur unbedeutend, so daß ich diesem Scherentyp allgemein den Vorzug gebe. Im eigenen Garten und bei Schnittvorführungen in Volkshochschulkursen habe ich mehrere Schwalbenschwanzscheren zu schätzen gelernt: Schlemper 141 (I: *a)*, eine Leichtmetallschere mit Chrom-Vanadium-Klingen, robust, rostgeschützt; Freund 1784 *(b)* aus Alu-Druckguß, mit Xylan-beschichteten Klingen; Gardena 341 *(d)* und 343 *(e)*, mit eleganter Form und praktischer Handschlaufe; Felco 8, eine moderne, schnittige Leichtmetallschere. Auf die Neuheit Freund 2000 *(c)* wurde ich erst während der Buchbearbeitung aufmerksam. Es handelt sich um eine Präzisionsschere in neuer, handlicher Form mit geschmiedeten Klingen für Rechts- und Linkshänder. Speziell für Linkshänder gibt es außerdem Felco 9 *(f)*.
Für kleine Schnitte bevorzuge ich Gardena 341 *(d)*, eine auffallende kleine, leichte und völlig rostfreie Schere mit Edelstahlgegenklinge. Wer viel zu schneiden hat und etwas empfindliche Haut besitzt, sollte die Rollgriffschere Felco 7 *(g)* ausprobieren; für Linkshänder wird Felco 10 angeboten. Da die Finger am Rollgriff an derselben Stelle bleiben, sollen sich so weder Blasen noch Schwielen bilden.
Gartenscheren werden in zwei bis drei Größen angeboten. Solche mit weiter Öffnung eignen sich nur für große Hände. Vor dem Kauf nimmt man deshalb die Schere in die Hand, um festzustellen, ob sie auch geöffnet noch gut zu halten ist. Aber auch für Obstgärtner mit kleineren Händen, speziell für Frauen, gibt es entsprechende Ausführungen. Verkäufer können die passende Größe bestellen. Entscheidend ist bei der Auswahl, daß die Schere gut in der Hand liegt und sich voll öffnen kann (zu den Öffnungsweiten vgl. I: *b* = groß, *e* = mittel, *h* = klein).
Alle hier genannten Scheren haben einen Einhandverschluß, eine Saftrille, einen Drahtabschneider und einen Anschlagdämpfer, sind rostgeschützt und durch leichte Schnitteinstellung bequem zu handhaben. Um mit einer mitgeführten Schere die Kleidung nicht zu beschädigen, empfiehlt sich der Felco-Träger *(g)*, der sich am Gürtel anklammern läßt.

Langarmscheren

Diese Ast- und Zweigscheren (II) sind für viele Schnittarbeiten im Obstgarten äußerst praktisch und ergänzen Gartenschere und Säge. Nicht geeignet sind Astscheren für jüngere Obstbäume und zum Wegschneiden von Zweigen und Ästen direkt am Mittelast sowie an den Leit- und

Die Schnittwerkzeuge

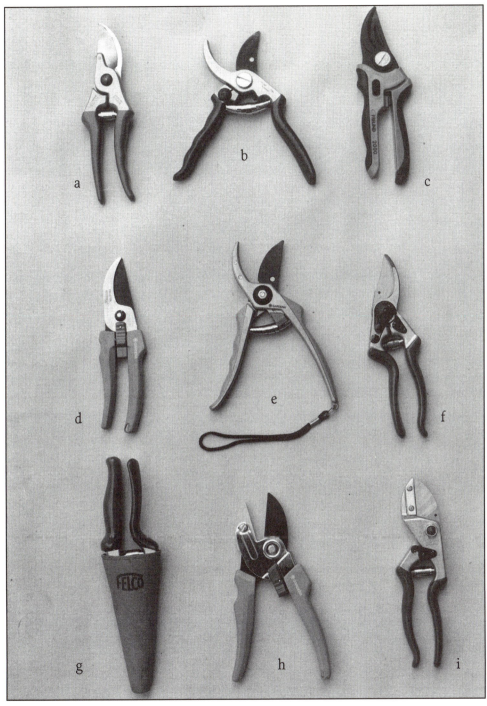

I *Gartenscheren*

Praktische Voraussetzungen

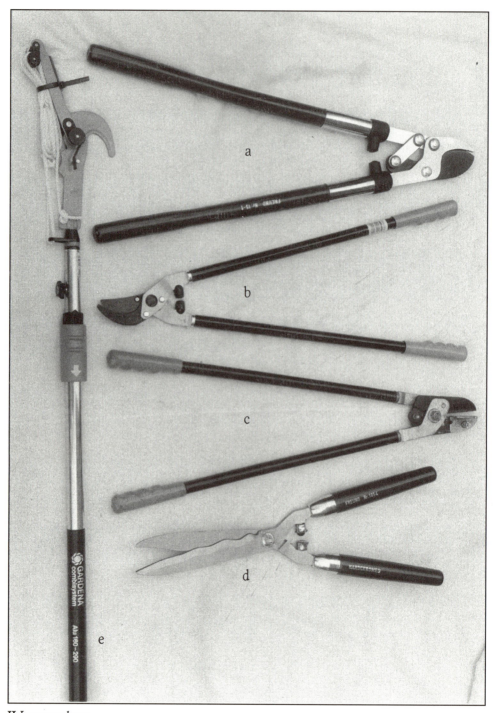

II *Langarmscheren*

Nebenästen. Hier sind nach wie vor Sägeschnitte erforderlich, da nur so eine gute Wundheilung gewährleistet ist.

Ideal sind Astscheren für Vorschnitte vor dem Herausnehmen von Ästen. Solche Vorschnitte führt man durch, damit die herabfallenden bzw. herauszuziehenden Teile nicht zu schwer und zu sperrig werden. Andernfalls ist die Gefahr des Abbrechens von Fruchtholz im unteren Kronenbereich zu groß. Größere, dickere Teile sollten abgesägt und heruntergeworfen werden.

Die Kronenperipherie älterer Bäume kann man mit einer Astschere schnell auslichten. Hier kommt es weniger auf gut verheilende Wunden an, sondern die verbesserte Belichtung steht im Vordergrund. Da hier öfter ausgelichtet werden muß, schneidet man die noch nicht völlig verheilten Wunden mit weg. Trotzdem ist der Schnitt so sachgemäß wie möglich durchzuführen. Hierfür eignen sich Schwalbenschwanzscheren besser als Amboßscheren.

Schließlich leistet die Langarmschere beim Auslichten von Beerenobststräuchern hervorragende Dienste, ebenso beim Zerkleinern von Zweigen, beispielsweise für das Weiterverarbeiten im Schredder oder zum Aufbau eines Hügelbeetes.

Im Bild **II** sehen Sie drei Modelle *(a, b, c)*. Diese können Äste bis zu 45 mm Durchmesser sauber abtrennen. Freund 15-1 *(a)* mit Doppelhebel und Holzgriffen bringt schon bei einem relativ schwachem Druck die volle Leistung. Die Schwalbenschwanzschere Gardena 309 *(b)* schont den Baum an der Schnittstelle etwas mehr als die Amboßschere 312 *(c)*, wie es schon bei den Gartenscheren erwähnt wurde. Eine Heckenschere *(d)* erleichtert im Obstgarten einzelne Schnittarbeiten, vor allem dort, wo mehrere Triebe gleichzeitig einzukürzen sind, wie bei Beerenobst, Obsthekken, Weinstöcken usw.

Eine Besonderheit ist die Raupen- oder Stangenschere *(e)* zum Abschneiden von Raupennestern. Mit ihr lassen sich Äste bis etwa 3 cm Durchmesser durchtrennen. Wenn man diese Schere mit einem Teleskopstiel versieht (Gardena-combisystem 3708), wie er bei *e* zu sehen ist, reicht man bis 5 m hoch oder weit.

Die Schnittwerkzeuge

Astsägen

Wer ältere Obstbäume sachgemäß auslichten oder verjüngen will, braucht dafür praktische, handliche, scharfe Sägen (S. 24, **III**). Für größere Schnittarbeiten in der Baumkrone eignet sich am besten eine **Bügelsäge** mit verstellbarem, schmalem Sägeblatt. Die größere Ausführung *(a)* ist angebracht, wenn man mehrere große Obstbäume hat. Das Freund-Modell 7450 besitzt hinten einen Schnellspannhebel, der sich wegen der geschweiften Auflage nicht verklemmen kann. Wird die Säge nicht benutzt, sollte der Spannhebel geöffnet bleiben, damit das nach innen gedrehte Blatt nicht durch Dauerspannung überlastet wird.

Viele Gartenbesitzer und -besitzerinnen bevorzugen eine Ausführung mit kleinerem Bügel. Hier liegt der Spannhebel zwischen Blatt und Bügel, entweder vor dem Griff *(b)*, wo er mit den Fingern gut zu erreichen ist, oder er läßt sich in den Griff einlegen, wo er dann einrastet *(c)* wie beim Schlemper-Modell Immerscharf Nr. 203. Beide Ausführungen haben vorn eine Feststellschraube, um die Spannung des Sägeblattes zu erhöhen. Hierzu zieht man die Schraube nach dem Spannen und kurz vor dem Sägen an. Bei Nichtbenutzung löst man sie etwas, um das einwärts gedrehte Blatt zu entspannen. So werden auch Verletzungen vermieden.

Ein ganz wichtiges Kriterium bei den Ast-Bügelsägen ist die leichte Verstellbarkeit des Sägeblattes im entspannten Zustand. Dabei faßt man das Sägeblatt in der Mitte fest an, lockert es durch kräftiges Rütteln und dreht die Zahnseite in die gewünschte Richtung. Das Lager für das Sägeblatt sollte glatte Zylinder haben. Nocken zum Einrasten stören das Drehen und tragen zum Verkanten bei. Gut gespannt bleibt das Sägeblatt beim Absägen dicker Äste auch in einem glatten Lager in seiner Stellung. Das schmale Sägeblatt der Bügelsäge ermöglicht auch in engen Astgabeln einen sachgemäßen Schnitt. Bei dicken Ästen ist eine grobe Zähnung zu bevorzugen, ansonsten empfiehlt sich eine feinere und gleichmäßige, die einen glatten Schnitt liefert. Das Nachschneiden mit einer Hippe ist bei gelungenem Schnitt auf Astring nicht erforderlich.

Bügellose Gärtnersägen sind in manchen Schnittsituationen äußerst hilfreich. Die Felco-

Praktische Voraussetzungen

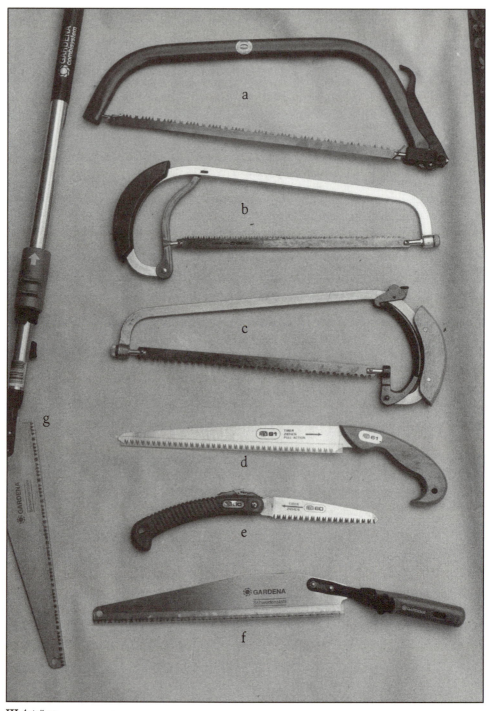

III *Astsägen*

Ausführung *(d)* hat eine völlig neuartige Zähnung, bei der kein Schränken, also kein Auseinanderbiegen der Zähne nötig ist. Da das Sägeblatt unten dicker ist als oben, gibt es auch ohne dieses Schränken kein Klemmen. Genauso beschaffen ist das Sägeblatt der Klappsäge *(e)*. Man kann sie ohne Gefahr in der Tasche tragen, so daß man sie jederzeit schnell zur Hand hat. Sie ist besonders zum Wegschnitt von Ober- und Unterseitenholz ohne enge Gabelung geeignet. Diese überaus handliche Säge trage ich beim Baumschnitt stets bei mir. Zum Sägen rastet man das Blatt am Griff ein und löst es danach wieder. Die eingeklappte Säge verschwindet anschließend in der Tasche.

An schlecht zugänglichen Stellen sind manche Kronenteile mit den genannten Sägen nicht zu erreichen. Hier kommt uns die Gardena-Gärtnersäge *(g)* gut zustatten, die mit Teleskopstielen von 2–5 m Länge angeboten wird. Wenn man den Stiel nicht benötigt, versieht man die Säge mit einem Handgriff *(f)* und kann dann damit arbeiten wie mit anderen bügellosen Sägen.

Alle bügellosen Sägen schneiden auf Zug, das heißt, daß nur bei der Ziehbewegung zum Körper hin geschnitten wird, was einen günstigen Krafteeinsatz erlaubt.

Die Schnittwerkzeuge

Gärtnermesser

Die Hippe, ein gekrümmtes Gärtnermesser **(IV:** *a, b)*, wird leider immer noch zuwenig verwendet. Sie ermöglicht einen ziehenden Schnitt und ist deshalb besonders effektiv. Für das Nachschneiden unsauberer Schnittwunden eignet sich besonders eine *schwere Hippe*, wie Freund 210 *(a)*. Die Klinge ist stark gekrümmt, aus bestem Stahl gearbeitet und muß stets sehr scharf sein. Dieses Messer sollte allerdings nur zur Beseitigung von Schnittmän-

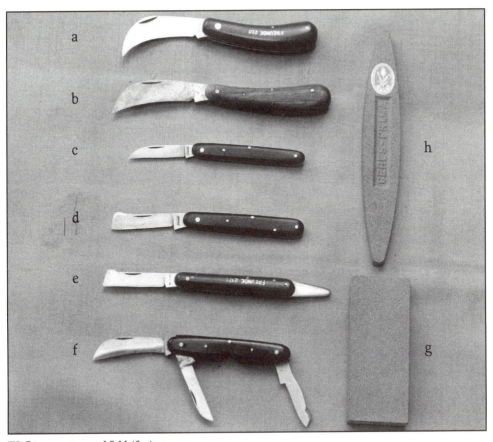

IV *Gärtnermesser und Schleifsteine*

Praktische Voraussetzungen

geln zum Einsatz kommen. Selbst grobe Sägewunden, ob nach Schnitt auf oder mit Astring, verheilen dann ohne jeden Nachschnitt gut.

Die *mittelschwere Hippe*, wie Schlemper 129 *(b)*, ist weniger geschwungen und erbringt nicht ganz die Leistung der zuvor genannten, eignet sich aber für viele Schnittarbeiten im Garten.

Spezialmesser für Veredlungen (Umveredlungen, Pfropfungen) lohnen dort die Anschaffung, wo im Garten in dieser Richtung experimentiert wird. Mit einem scharfen *Kopuliermesser*, wie Schlemper 116 *(c)*, gelingen glatte Kopulierschnitte am besten. *Okuliermesser*, wie Schlemper 116 *(d)*, werden für die Augenveredlung (Okulation) angeboten. Manche Extraausführungen wie Freund 2171 *(e)* haben zusätzlich einen feststehenden Rindenlöser aus Messing. Rindenteile, die man hiermit anhebt, wachsen später besser zusammen als nach Berührung mit Stahl. Dieser Rindenlöser läßt sich bei manchen Modellen einklappen.

Dreiteilige Gärtnermesser *(f)* können bei vielen Veredlungsarbeiten im Garten eingesetzt werden. Die abgebildete Kombination besteht aus einer Kopulierhippe (links), einem Okuliermesser (Mitte) und einem Kopuliermesser (rechts).

Das Schärfen der Messer und Scheren kann man selbst durchführen. Ein *Abziehstein* mit extra feiner Körnung, wie Freund 2802 *(g)*, ist zum Nachschärfen der Gärtnermesser geeignet. Abgezogen wird die angeschliffene Seite auf nassem Stein.

Ein *Wetzstein* aus Silizium-Carbid *(h)* dient zum Nachschärfen der Gartenscheren, wobei nur die Außenseite der Schneidklinge geschärft wird. Auf der Innenseite nimmt man mit einem Abziehstein lediglich den Grat, also die hier beim Schärfen entstandenen Erhebungen, weg.

Die Handhabung der Gartenschere

Die Schere wird grundsätzlich so in die Hand genommen, daß die vier Finger die Schneidklinge bewegen (also keinesfalls die Gegenklinge oder den Amboß). Bei dieser **Grundhaltung,** von der man möglichst nicht abweicht, kommt es je nach Schnittsituation entweder zum Obergriff wie in **41** oder zum Untergriff **(48)**.

Eine **glatte Schnittfläche** erhält man nur, wenn der Schnitt mit der ebenen Innenseite der Schneidklinge erfolgt. Diese muß deshalb am Zweig oder Ast, der stehenbleibt, entlanggleiten **(41)**. Allerdings verursacht die Gegenklinge eine leichte Randquetschung. Diese verheilt meist zufriedenstellend, wenn auch sie mit einem Wundverschlußmittel verstrichen wird. Wunden unmittelbar an den Ästen, bei denen auf gutes, sicheres Verheilen allergrößter Wert zu legen ist, sollte man mit einer Hippe nachschneiden. Je dicker der zu entfernende Zweig und je stumpfer die Schneidklinge, desto stärker wird die Quetschung. Dadurch verringert sich die Aussicht auf eine problemlose Verheilung. Deshalb sollte man stets gut schärfen und dickere Zweige nicht mit der Schere, sondern mit einer Astsäge entfernen.

Der **Wegschnitt auf Astring** kommt am häufigsten zur Anwendung. Dabei wird die Schere, wie in **41** gezeigt, von außen bzw. unten an den abzuschneidenden Trieb herangeführt. Die Schneidklinge liegt dann links vom Trieb *(S)*, die Gegenklinge rechts; Gegenklingen mit dicken Backen sollten dicht an das verbleibende Holz *(Z)* ange-

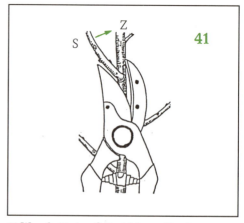

41 *Wegschnitt eines Seitentriebes auf Astring*

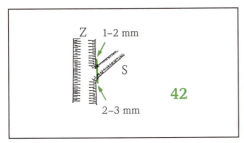

42 *Wegschnitt auf Astring, Seitenansicht*

setzt werden. *Die Scherenspitze überragt die Gabelung nur wenig, um die Rinde des stehenbleibenden Holzes nicht zu verletzen.* Der Blick ist dabei von der linken Seite auf die Gabel zu richten, so daß man genau sehen kann, ob der Schnitt hier tatsächlich an der tiefsten Stelle endet. Drückt man gleichzeitig den Seitentrieb *(S)* gegen den Zweig *(Z)* (vgl. Pfeil), so wird das Schneiden erleichtert. In der Gabel **(42)** bleiben am Zweig *(Z)* vom Astring oben nur etwa 1–2 mm, unten 2–3 mm stehen. Das ist so wenig, daß daran »kein Hut aufgehängt werden kann«. Andererseits reicht der kleine Astring aus, die Wundverheilung zu begünstigen.

Beim Wegschnitt von Zweigteilen *(Z)*, z.B. **beim Ableiten (43)** oder beim **Aufleiten (44)** auf

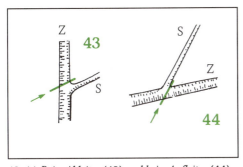

43, 44 *Beim Ableiten* **(43)** *und beim Aufleiten* **(44)** *bleiben vom Astring nur wenige Millimeter stehen*

einen Seitentrieb *(S)*, ist der Astring dieses Triebes nur leicht anzuschneiden. Die Schere wird von außen (vgl. Pfeilrichtung) herangeführt, der Schnitt erfolgt dann leicht schräg und parallel zur Triebbasis, wie durch die Schnittstriche markiert. Nur in Ausnahmefällen kann man auch von der Gegenseite, also aus der engen Gabel heraus schneiden, wobei die beiden Klingen das zu schneidende Holz seitlich angreifen müssen. Weder Schneid- noch Gegenklinge dürfen in der Gabel zum

Die Handhabung der Gartenschere

Schnitt angesetzt werden, sonst wird der Trieb durch die wie ein Keil wirkende Klinge regelrecht abgespalten. Eine schwer verheilende Wunde wäre die Folge.

Der **Astring** bleibt nicht nur wegen besserer Wundverheilung stehen, sondern auch zur Schonung der schlafenden Augen. Aus ihnen entstehen Jungtriebe. In vielen Fällen wachsen sie aber zu stark und zu steil, und die notwendige Nachbehandlung wird leider oft versäumt.

Wünscht man sich von vornherein flache, mittelstarke Triebe, empfiehlt sich der **Wegschnitt auf Asthalbring**. In Beispiel **45** steht am Mittelast *(M)* ein steiler Wasserschoß *(W)*. Üblicherweise wird er auf Astring weggeschnitten (unterbroche-

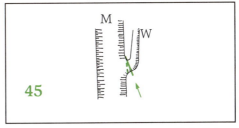

45 *Wegschnitt eines Wasserschosses auf Asthalbring*

ne Linie). Die andere Möglichkeit zeigt der durchgezogene Schnittstrich. Der Unterschied ist deutlich. Mit der Schere schneidet man (in Pfeilrichtung) den Schößling weg. Da der Schnitt oben vom Astring nichts stehen läßt, muß man aufpassen, daß die Scherenspitze den Mittelast kaum berührt. Aus dem unteren, vergrößerten Asthalbring können nun flachgerichtete, mittelstarke Triebe entstehen, die sich ohne Sonderbehandlung zu gutem Fruchtholz entwickeln.

Auch seitlich am Leitast *(L)* ist der Schnitt auf Asthalbring möglich **(46)**, vor allem, wenn älteres

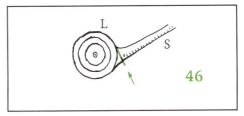

46 *Schnitt auf Asthalbring am Leitast*

Praktische Voraussetzungen

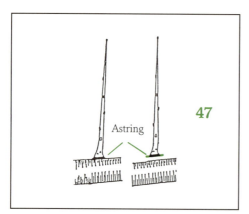

47 Oberseitenholz, wie dieser Wasserschoß, wird mit Astring entfernt

Seitenholz *(S)* entfernt wird. Basisnah, also dort, wo der Leitast dem Mittelast entspringt, ist diese Schnittmethode allerdings nicht anzuwenden.

Ein **Wegschnitt mit Astring (47)** erfolgt bei Reitertrieben, Wasserschossen usw. auf der Oberseite der Leit- und Nebenäste, um weitere Schosserbildung zu unterbinden. Da beim restlosen Wegschnitt die Gegenklinge stört, weicht man hier von der üblichen Schnittmethode ab **(48)**. Die Schneidklinge wird nun mit der Außenseite auf den Ast *(L)* gelegt, die Scherenspitze zeigt dabei in Richtung der Astspitze. *Die Klingen greifen den Reitertrieb (R) oder den Zweig wieder seitlich an.*

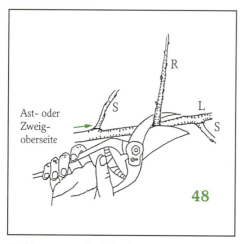

48 Scherenansatz bei Wegschnitt eines Oberseitentriebes mit Astring

Infolge der Wölbung der Außenseite und der zunehmenden Dicke der Schneidklinge wird die Schere beim Schnitt zu leichter Drehung gezwungen. Die Gegenklinge schiebt sich mäßig hoch und schabt dabei etwas Rinde ab. Die rindenfreie Kante stört dann selbstverständlich beim Verheilen. Deshalb ist ein Nachschnitt mit der Hippe angebracht, vor allem bei jüngeren Bäumen. Der Schaden des Abkratzens lebender Rinde wiegt schwerer als das Quetschen der Rinde bei der vorher beschriebenen Methode. Der Wegschnitt mit Astring sollte deshalb wirklich auf Ausnahmen beschränkt bleiben.
Ein **Schnitt am Fruchtkuchen (50)** erfolgt ebenfalls »mit Astring«. Auf keinen Fall darf in den Fruchtkuchen *(FK)* hineingeschnitten werden **(49)**, denn er besteht aus lockerem, leicht infizierbarem Gewebe. Entfernt wird meist schwaches, abwärts gerichtetes Fruchtholz. In Beispiel **50** ist es ein alter Ringelspieß, den man dicht am Fruchtkuchen wegschneidet.

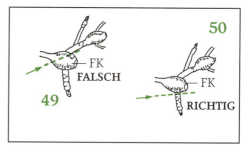

49, 50 Schwaches Fruchtholz wird dicht am Fruchtkuchen abgeschnitten

An- oder Rückschnitt von Trieben: Werden einjährige Apfel-, Birnen- und Pflaumentriebe angeschnitten, so geschieht dies nahe über einer Seitenknospe, durch einen »Schnitt auf Auge« **(51)**. Der Schnitt beginnt zweckmäßigerweise gegenüber der Knospenbasis und endet in Höhe der Knospenspitze. Neben der Knospe darf weder zuviel noch zuwenig Holz stehen bleiben. Ersteres behindert die Verheilung, letzteres den zügigen Austrieb.
Als Hilfe denkt man sich von der Basis und der Spitze der Knospe je eine senkrechte Linie zur gegenüberliegenden Triebseite **(51, 52)**, wobei etwa ein Rechteck entsteht. Die Diagonale entspricht dann dem Schnittverlauf. Der Doppelpfeil **(51)** zeigt die übliche Schnittrichtung an. In Ausnahmefällen kann auch aus entgegengesetzter Richtung **(52)** geschnitten werden. Beim Schnitt muß

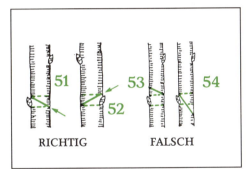

51–54 Der Schnitt auf Auge erfolgt nahe über einer Knospe. 51 zeigt die übliche Schnittrichtung, 52 den Ausnahmefall. Das Stehenlassen eines kurzen Stummels (53) sollte man ebenso vermeiden wie zu schrägen und zu nahen Schnitt (54)

man den Trieb mit der Knospe nach links (oder rechts) gut im Blickfeld haben. Die Schere wird so angesetzt, daß die Innenseite der Schneidklinge der Knospe zugekehrt ist. Dabei sollte so vorgegangen werden, daß man unterhalb dieser Klinge die Knospe und die Schnittrichtung genau sehen kann, wobei man sich die unterbrochen gezeichnete Hilfslinie vorstellt.

Wenn man bei ersten Schnittübungen Angst hat, die Knospe zu verletzen, dann kann zunächst ein größerer Stummel über der Knospe verbleiben, der später nachbehandelt wird. Grundfalsch ist es jedoch, nur wenig mehr stehen zu lassen (53), weil der notwendige Nachschnitt dann schwierig ist. Zu schräger und gleichzeitig zu naher Schnitt (54) führt häufig zum Vertrocknen der Knospe.

Bei anderen als den vorgenannten Obstarten läßt man über der Seitenknospe mindestens 1 cm stehen oder schneidet zwischen zwei Knospen (55). *Die Schnittfläche sollte zur Erdoberfläche immer schräg liegen, damit Regenwasser rasch ablaufen kann*, sonst kann es hier leicht zu Fäulnis oder Krankheitsbefall kommen. Wenn ein Stummel wie in Beispiel **55** stehengeblieben ist, muß gegen Ende Mai ein korrekter Nachschnitt erfolgen. Dabei verfährt man wie beim Ableiten **(43)**; die Wunde verheilt noch im selben Jahr.

Der Schnitt mit der Astsäge

Allgemein gilt: Von oben nach unten sägt es sich am leichtesten, in seitlicher Richtung noch bequem, von unten nach oben dagegen mühsam; dies um so mehr, je dicker der Ast und je stumpfer die Säge ist. Bevor man den abschließenden Schnitt macht, sollte man das abzuschneidende Holz einkürzen, um ein Abbrechen durch Übergewicht zu vermeiden. Verheilen kann eine Sägewunde nur, wenn in Basisnähe auf oder mit Astring geschnitten wird. Außerdem müssen die Rinde und das darunterliegende Bildungsgewebe, das Kambium, frisch sein und die Wunde vollständig umgeben.

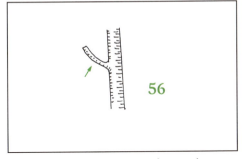

56 »Huthaken« (Pfeil) müssen entfernt werden

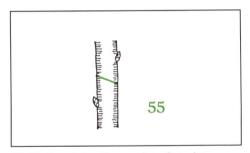

55 Schnitt zwischen Knospen beim Steinobst

»Huthaken«, also **Stümpfe** oder **Stummel (56)**, dürfen nicht stehenbleiben. Sie verhindern die Wundverheilung am Sägekopf. Das gilt auch für das übrigbleibende Holz bei unüberlegten schiefen Schnitten. Der Saftstrom geht nur an der Basis des Astes oder Zweiges vorbei und versorgt hier das Kambium der basisnahen Wunde. Stümpfe sind deshalb zur Verrottung verurteilt und schädigen bald lebendes Holz. Ältere Stümpfe sollten bis zum gesunden, frischen Holz beseitigt werden, was manchmal enttäuschend hohen Holzverlust mit sich bringt. (Vgl. auch S. 33, **Abb. VI.**)

Praktische Voraussetzungen

Der **Schnitt auf Astring** wird in vielen Fällen angewendet. Zweige **(57)** schneidet man so ab, daß in der engen Gabel etwa 2–4 mm, unten 3–5 mm vom Astring stehen bleiben. Bei Ästen **(58)** sind es oben etwa 3–6 mm und unten 5–10 mm, bei dicken Ästen mit breitem Basisfuß auch mehr. Durch diesen Schnitt werden die schlafenden Augen geschont, so daß bald junge Triebe zu erwarten sind. Der Schnitt auf Astring hat auch den Vorteil, daß die Wunde nicht zu groß wird und das Kambium des Astringes die Verheilung fördert.

ter Fläche sind nach Bildung des Wulstringes stets fäulnisgefährdet, da Regenwasser nicht abfließen kann. Hier schneidet man deshalb über einer Abzweigung **(60)**. Zur Basis hin kann mehr Oberseitenholz stehen bleiben als im Spitzenbereich des Astes.

Beim **Ab- und Aufleiten (61, 62)** kürzt man Äste oder Zweige *(Z)* auf eine tieferliegende Abzweigung, die so zur neuen Verlängerung *(V)* wird. Der Schnitt erfolgt knapp zur Hälfte in den Astringrand und läuft etwa parallel zur basisnahen Mittelachse **(62**: unterbrochene Linie) des verbleibenden Teiles. Steile Astteile *(Z)* werden auf flachere Zweige oder Triebe abgeleitet **(61)**, flachere Äste

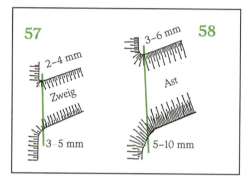

57, 58 *Absägen eines Zweiges (57) und eines Astes (58) auf Astring*

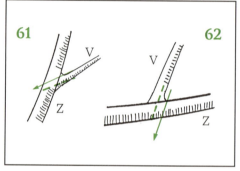

61, 62 *Sägeschnitt beim Ableiten (61) und beim Aufleiten (62)*

Mit Astring entfernt wird zu starkes Oberseitenholz, z.B. Ständer, an schräg aufwärts gerichteten Ästen **(59)**, nicht aber an (fast) waagerecht stehenden. Größere Oberseitenwunden mit waagerech-

werden aufgeleitet **(62)**. Waagerecht liegende Oberseitenwunden sind auch hier zu vermeiden. Während man kürzere Zweige mit einem Schnitt absägen kann, erfordern **Äste mit beachtlichem**

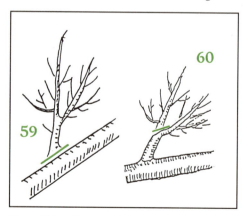

59, 60 *Behandlung von Oberseitenholz auf schräg stehenden Ästen (59) und bei waagerechter Aststellung (60)*

63 *Solche Schäden kann man vermeiden*

Gewicht mehrere Vorschnitte. Von der Spitze her zerlegt man den Ast in abwerfbare Stücke **(66)**. Sie sollten möglichst nicht auf untere Äste stürzen, sonst bricht wertvolles Fruchtholz ab, das sich nur sehr langsam wieder erneuert. Wenn man nicht nach dieser Methode verfährt, passiert leicht das,

Der Schnitt mit der Astsäge

was **63** veranschaulicht. Gerät ein Ast kurz vor dem Durchsägen außer Kontrolle, reißen Rinde, Bast und Splintholz ein, wodurch eine unheilbare Wunde entstehen kann.

Sachgemäße Sägeschnitte setzen einiges voraus. Nach etappenweisem Wegschnitt der oberen Astteile wird der Astrest in Basisnähe unten angesägt **(64: *a*)**, um die Bastschicht zu durchtrennen. Diesen Vorschnitt führt man etwas zur Astspitze hin versetzt durch, wobei es nicht notwendig ist, daß er parallel zur Mittelachse erfolgt. Aus der Astgabel heraus wird nun zügig gesägt *(b)*, während die andere Hand den Aststumpf von unten unterstützt. Er löst sich, sobald die Längsmaserung des Gegen-

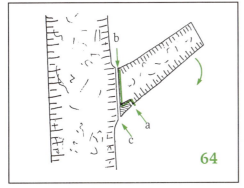

64 Sachgemäßes Absägen eines Astes

schnittes *(a)* erreicht ist (dicke Linie). Beim Absägen des schraffierten Restes darf kein Druck auf die Säge ausgeübt werden, zurückhaltendes Vorgehen ist nötig. Kommt es bei *c* auch nur zur Lok-

kerung der Rinde, dann muß die Stelle mit einer Blaupinne, also einem kleinen Stahlnagel, angeheftet und sofort mit Wundwachs verstrichen werden, damit das Kambium nicht austrocknet.
Ein Ast im unteren Bereich **(65)**, der in ganzer Länge zu Boden fallen darf, braucht zunächst nur 2 Vorschnitte, die 30–50 cm vom Stamm entfernt durchgeführt werden. Zuerst sägt man von unten bis zur Mitte *(1.)*, dann führt man etwa 10 cm zur Astspitze hin versetzt einen Sägeschnitt von oben aus *(2.)*. Wenn sich der 2. Schnitt der Mitte nähert, stürzt der Ast zu Boden, ohne den Stummel zu spalten, der dann wie beschrieben entfernt wird.
Das **Einkürzen eines Mittelastes (66)** kann erforderlich werden, um die Krone niedriger zu machen. Dies muß umsichtig geschehen. Vor allem dürfen schwere Aststücke nicht auf untere Äste fallen. Mit einer Astschere entfernt man zunächst die sperrigen Spitzenteile. Da es sich hier um leichtere Baumpartien handelt, kann man sie problemlos herunterfallen lassen. Wenn aber dann bei den folgenden Teilstücken die Säge zur Anwendung kommt, ist größte Sorgfalt geboten. Der unterste Schnitt **(66: *d*)** ist endgültig und muß hinreichend schräg erfolgen. Dies ist sehr wichtig, damit nach Bildung des äußeren Überwallungsringes Regenwasser abfließen kann **(67)**.
Nachschnitt: Mißglückte Schnitte sind entweder mit der Baumsäge oder mit einer schweren Hippe **(68)** nachzuschneiden. Sachgemäß ausgeführte,

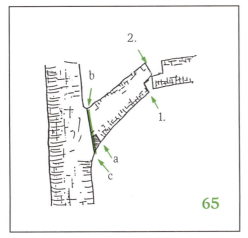

65 Absägen eines Astes im unteren Bereich der Krone

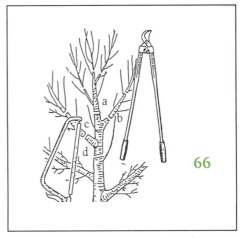

66 Der Mittelast wird etappenweise eingekürzt

Praktische Voraussetzungen

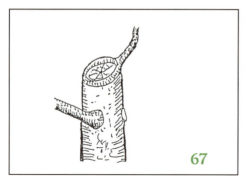

67 *Nur aus einer schräg stehenden Wunde kann Wasser über den Überwallungsring abfließen*

gelungene Schnitte, selbst wenn sie mit grobem Sägeblatt vorgenommen wurden, bedürfen keines Nachschnittes. Dies haben von einer Gartenbau-Fachschule durchgeführte Versuche gezeigt.

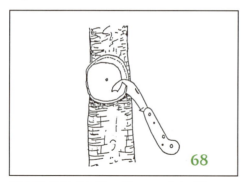

68 *Mißglückte Schnitte sollte man mit der Hippe nachschneiden*

Wundverschlußmittel

Zur Behandlung von Schnittwunden an Gehölzen gibt es Wundverschlußmittel, die von der Biologischen Bundesanstalt anerkannt sind. Die Wundbehandlung hat zum Ziel, nicht nur das bloßgelegte Gewebe gegen Austrocknung, Krankheitskeime und Schädlinge zu schützen, sondern auch die Überwallung durch das aus dem Kambium gebildete Wundgewebe, also die Verheilung, zu fördern.

Mittel auf Wachs-Harz-Basis sind schon seit langem eingeführt, Baumharze und Baumwachse kennt jeder Hobbygärtner. Den Vorzug verdienen hier kaltstreichbare Mittel, wie Brunonia oder Trimonia; warmflüssige muß man vor der Verwendung einige Zeit in der Hosentasche bei sich tragen oder in heißes Wasser stellen. Da **Baumwachs** schon nach einem Jahr rissig wird, hat es vor allem für Veredlungen Bedeutung.

Wundwachs kommt dagegen für alle Schnittwunden in Betracht und schließt 2 bis 3 Jahre gut. Bis dahin hat sich ein Überwallungsring oder Wulst gebildet, so daß ab diesem Zeitpunkt nur noch der Holzkörper zu schützen ist **(V)**. Das kann – nach Säuberung – weiterhin mit Wundwachs erfolgen oder auch mit dem preiswerteren

V *Sägewunde mit mehrjährigem Überwallungsring. Der noch freie Holzkörper muß durch Wundverschluß bis zur vollständigen Verheilung geschützt werden*

Baumteer. Dieser wird vorzugsweise zur Imprägnierung des Holzkörpers älterer Wunden verwendet, um sie vor Verrottung zu schützen.

Wundtinktur ist ein flüssiges, mit dem Pinsel leicht aufzutragendes Verschlußmittel für alle Wunden, das sich besonders für die Behandlung unebener, ausgestemmter oder ausgefräster Stellen gut eignet.

Mittel auf Kunststoffbasis, wie Baum-Wundplast, Lac Balsam u.a., kann man nur in der frostfreien Zeit anwenden, da sie 30–40% Wasser enthalten. Auf Grund ihrer elastischen Beschaffenheit hält die Verschlußwirkung 4 bis 5 Jahre an, auch bei größeren Schnittwunden. Die Anwendung sollte nicht nur bei frostfreiem, sondern auch bei trockenem Wetter erfolgen. Erst nach Antrocknung haften diese Kunststoffmittel gut und sind dann wetterbeständig. Vor Gebrauch muß man sie gut durchrühren oder durchschütteln. Nach Beendigen der Wundbehandlung und bei Unterbrechungen sollten Pinsel und Spachtel sofort in warmem Wasser gereinigt werden, desgleichen Hände und Kleidung. Unterbleibt dies, so läßt sich der Belag durch nichts mehr entfernen. Diese Mittel sind gut verschlossen und frostfrei aufzubewahren.

Die Wundbehandlung

Sofort nach Abschluß der Schnittmaßnahmen sollten die Wunden bei trockenem Wetter mit einem der genannten Wundbehandlungsmittel sorgfältig verschlossen werden **(69, 70)**. Dabei ist nicht nur die Wundfläche *(WF)* zu verstreichen, sondern auch der Rindenrand *(RR)*, um einem Austrocknen und einem Befall mit Schaderregern an dieser Stelle vorzubeugen. Flüssige Wundmittel trägt man mit einem Pinsel auf, streichbare mit einem Spachtel.

Nach dem Pflanzschnitt empfiehlt es sich, jede Schnittwunde sorgfältig zu verstreichen, nicht nur beim Steinobst, sondern auch beim Kernobst.

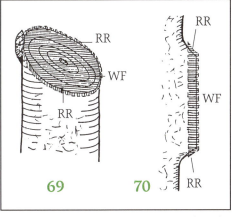

69, 70 *Sowohl beim Schnitt auf Auge* **(69)** *als auch beim Schnitt auf Astring* **(70)** *müssen Wundfläche und Rindenrand sorgfältig verschlossen werden*

Jedes frischgepflanzte Gehölz befindet sich in einer kritischen Störungsphase, in der die Verheilung verzögert abläuft; dies gilt bei schwachem Wuchs noch mehr als bei starkem. Steinobst und Walnuß erfordern grundsätzlich sorgfältigen Wundverschluß während des gesamten Baumlebens. Wunden am Kern- und Beerenobst unter 1-Pfennig-Größe braucht man nicht unbedingt zu verschließen. Größere Schnittwunden sollten dagegen behandelt werden, was in feuchten Lagen besonders wichtig ist.

VI *Obwohl er einen Fruchtsproß trägt, sollte man einen solchen Stumpf auf Astring entfernen, da hier eine Wundverheilung kaum möglich ist*

VII *Flüssige Wundverschlußmittel kann man mit einem Pinsel auftragen; ihre Anwendung setzt frostfreies und trockenes Wetter voraus*

Praktische Voraussetzungen

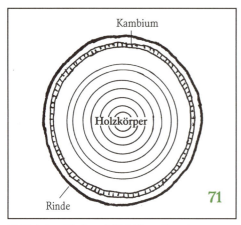

71 *Zwischen Rinde und Holzkörper liegt das Kambium, eine Zellschicht, die für die Wundverheilung sorgt*

Die **Wundverheilung** geht vom Kambium aus, einer Zellschicht, die stets zur Zellteilung fähig ist und sich zwischen Rinde und Holz befindet **(71)**. Von dieser Schicht, die man auch Bildungs- oder Zuwachsgewebe nennt, wird nach außen Rinden-, nach innen Holzgewebe gebildet. Aus dem Kambium entsteht dann auch nach Verletzungen ein besonderes Wundgewebe, das die Schnittfläche von außen her überwallt.

Zu starkem **Saftaustritt** kann es kommen, wenn man zum falschen Zeitpunkt schneidet. Dieses »Bluten« erfüllt Gartenbesitzer immer wieder mit Sorge. Abhilfe schafft das Mittel Saft-Stop, das auf feuchte Wunden aufgetragen wird und sie sofort verschließt. Jeder andere Verschluß muß dann unterbleiben. Saftfluß kann wüchsigen Bäumen im allgemeinen nichts anhaben, bei schwach wachsenden Bäumen muß jedoch stärkerer Saftverlust vermieden werden.

Größere Wunden brauchen zum Verheilen ein Jahrzehnt oder mehr. In dieser Zeit darf man die alte Wunde nicht sich selbst überlassen, sonst kommt es zu empfindlichen Holzschäden **(VIII)**. Sobald sich der Überwallungsring gebildet hat, kann man diesen in jedem Frühjahr mit einer Hippe schröpfen. Das geschieht an der Innenseite durch senkrechte Schnitte in den Wulst. Anschließend sind die kleinen Wunden zu verstreichen. Solange der Holzkörper nicht überwallt ist, bedarf er regelmäßiger Pflege.

VIII *Bei dieser großen Wunde hat sich zwar ein Überwallungsring gebildet, aufgrund mangelnder Pflege kam es jedoch zu einer starken Schädigung des Holzteils*

Der Schnitt der Kernobstbäume

Apfel, Birne und Quitte werden unter dem Begriff Kernobst zusammengefaßt. Die grundlegenden Schnittregeln für diese Obstarten sollen zunächst an Apfelbäumen erarbeitet werden. Sie können sie mit gewissen Abweichungen auch an Birn- und Quittenbäumen anwenden. Für das Steinobst gelten die Grundregeln ebenfalls; dabei sind jedoch einige Abweichungen zu beachten, weshalb der Schnitt von Pflaume, Kirsche, Pfirsich und Aprikose gesondert behandelt wird.

Am Anfang der Ausführungen zur Schnittpraxis steht die in Haus- und Kleingärten am häufigsten anzutreffende Pyramiden(voll)krone. Für diese Kronenform werden die wichtigsten Schnittregeln erörtert, und zwar zunächst an einem mittelstark wachsenden Apfelbuschbaum (mit 50 bis 100 cm Stammhöhe). Anschließend folgen Hohlkrone, Halb- und Hochstamm und schließlich die kleinste Baumform, der Spindelbusch.

Die Pyramidenkrone beim Apfelbuschbaum

Die Pyramidenkrone besteht aus 1 Mittelast, meist 3, gelegentlich 4, selten 5 starken Leitästen mit je 2 bis 3, selten 4 kräftigen Nebenästen. Der Aufbauschnitt in den ersten 4 bis 5 Jahren verbessert Verzweigung und Dickenwachstum und sollte erst dann beendet werden, wenn die Äste ihre Früchte ohne weitere Unterstützung tragen, sich dabei weder zu stark senken noch abkippen. Erst wenn das Astgerüst soweit entwickelt ist, setzt der Ertrags- oder Erhaltungsschnitt ein.

Pflanzschnitt
Der Pflanzschnitt bezweckt einen Ausgleich der oberirdischen Baumorgane zu dem durch Rodung verkleinerten Wurzelwerk, begünstigt die Verzweigung und fördert das Dickenwachstum.

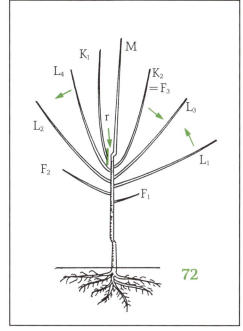

72 *Apfelbuschbaum mit einjähriger Krone*

Damit der verhältnismäßig starke Schnitt in der anschließenden Aufbauzeit den Blühbeginn nicht zu lange hinauszögert, beschränkt man das Schneiden auf das Notwendigste und läßt überzählige Triebe stehen, wobei längere waagerecht gebunden und nicht gekürzt werden; denn die ersten Blütenknospen bilden sich an den Triebspitzen.

Unser Beispiel zeigt einen Apfelbusch mit einjähriger Krone (**72**). Sie besteht hier aus: 1 Mittelast (M), 1 Konkurrenztrieb (K_1), 1 zweiten Konkurrenztrieb (K_2), 4 Seitentrieben, die sich als zukünftige Leitäste (L) eignen, und 2 überzähligen Kurztrieben (F), die die ersten Früchte bringen können. Dies ist auch bei K_2 möglich, aber nur im untersten Kronenbereich.

Der **Konkurrenztrieb** (K_1) am Mittelast, den man zuweilen auch als Afterleittrieb bezeichnet, wird allgemein auf Astring entfernt; wenn viele Triebe (mehr als 10) vorhanden sind, schneidet man auch den konkurrenztriebähnlichen Steiltrieb (K_2) weg. Ist beim Anschnitt in der Baumschule ein die Verheilung störender Stummel (**73**: St) stehengeblieben, so daß der Mitteltrieb in Mitleidenschaft gezogen wurde, dann sollte der Konkurrenztrieb (K_1) die neue Mittelastverlängerung übernehmen. Auch K_2 käme dafür in Frage (**74**), besonders bei

35

Der Schnitt der Kernobstbäume

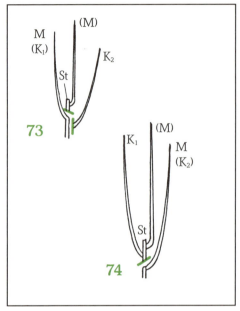

73, 74 Ein stehengebliebener Stummel kann eine Entfernung des Mitteltriebes nötig machen

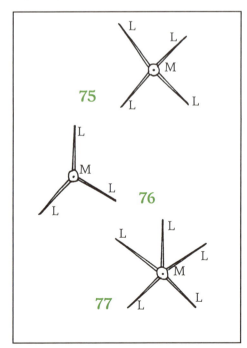

75–77 Optimale Verteilung der Leitäste am Mittelast (Draufsicht) bei 3-, 4- und 5-Ast-Krone

Holzbräunung, Steilwuchs oder größerer Triebzahl. Die Markierungen in **73** und **74** zeigen den Wegschnitt.

Leittriebe *(L_1–L_4):* Hierfür eignen sich weder die Steiltriebe im oberen Bereich noch die Kurztriebe unten. Bewährt haben sich die mittelstarken, mehr flach vom Mittelast abgehenden und dann ansteigenden Seitentriebe in der Mitte der Krone **(72)**. Sie sollen gut verteilt stehen **(75, 76, 77)** und sind notfalls seitlich zu formieren.

Günstig ist außerdem ein Abgangswinkel der Leitäste von etwa 45° zum Mittelast; bei steil wachsenden Sorten sollte dieser Winkel etwas größer (50°), bei flacher wachsenden etwas kleiner (40°) sein. Andernfalls müssen Sie die Triebe formieren. Ein zu flach gerichteter Leittrieb *(L_1)* wird mit einem Band mit breiter Auflage **(78)** aufgebunden, einen zu steilen *(L_4)* spreizt man mit einem Holz ab **(79, 80)**, wie es die Pfeile anzeigen **(72)**. Wenn zuwenig geeignete Leittriebe zur Verfügung stehen, wählt man die fehlenden aus dem Neutrieb im nächsten Jahr.

Nach dem Formieren folgt der An- oder Rückschnitt der Leittriebe *(L)* auf eine nach außen gerichtete Knospe **(81)**. Zuerst schneidet man einen

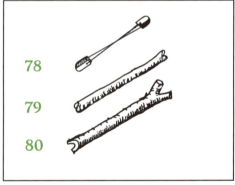

*78–80 Hilfsmittel zum Formieren: Band mit breiter Auflage **(78)** und Spreizhölzer **(79, 80)***

in der Mitte stehenden Trieb *(L_3)* um etwa 1/3–1/2 der Länge zurück. Die übrigen Leittriebe werden auf gleiche Höhe gekürzt, damit sie in der Saftwaage *(SWP)* liegen, wobei auf Auge geschnitten wird **(83, 85)**. Falls der Knospenstand es zuläßt, sollte der schwächste, tiefste Leittrieb etwas über, der stärkste und höchste etwas unter der Saftwaage enden. So lassen sich die Triebkräfte am besten angleichen.

Pyramidenkrone beim Apfelbuschbaum

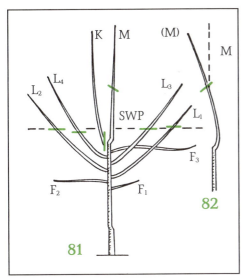

81 *Anschnitt von Mitteltrieb und Leittrieben; den Mitteltrieb schneidet man über der Knospe, die ihn in die Mittelachse bringt* (82)

Anschließend wird der **Mitteltrieb** *(M)* gekürzt (81). Er soll die Saftwaage nur knapp um Scherenlänge überragen. Die Endknospe ist so zu wählen, daß die neue Mittelastverlängerung wieder in die

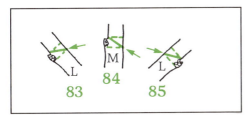

83–85 *Es wird stets auf Auge angeschnitten*

Mittelachse, also in die senkrechte Stammverlängerung hineinwächst (82). Meist findet man die geeignete Knospe über der vorjährigen Rückschnittstelle (72: *r*) am Mittelast (genaue Schnittausführung vgl. 84). Hat sich die Mittelastverlängerung anders entwickelt, kann man durch Schienen formieren. Entweder bringt man einen (Tonking-) Stab an Mittelast und Verlängerungstrieb an, oder man benutzt zum Formieren einen längeren Stummel des Konkurrenztriebes *(K_1)*, dessen Austrieb man öfter entspitzt. Er soll das Leben des Stummels nur so lange erhalten, wie dieser gebraucht wird. Hat man dafür keine Zeit und ist der Mitteltrieb z.B. nach links gebogen (82), so schneidet man über einer Knospe auf der rechten Seite (die unterbrochene Linie zeigt die neue Verlängerung).

Überzählige Triebe (72: F_1–F_3) bleiben in der Krone. Längere werden waagerecht gebunden (81), um sie durch Unterordnung unter die Saftwaage zu frühem Fruchten zu bringen.

Nach dem Pflanzschnitt (86) wird bei schwachem Wuchs geraten, 1 bis 2 Konkurrenzknospen am Mittelast und auf der Oberseite der Leitäste zu blenden (86: unterbrochene Pfeile oben). Dies ist auch erforderlich, wenn ein fehlender Leitast später aufgebaut wird. Die Anordnung der Krone nach dem Pflanzschnitt zeigt 87. Abschließend muß eine sorgfältige Wundbehandlung durchgeführt werden. Der Pflanzschnitt einer zweijährigen Krone entspricht dem 1. Aufbauschnitt, wobei jedoch etwas kürzer zu schneiden ist.

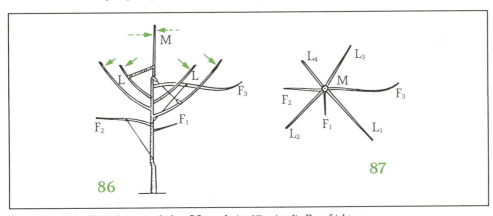

86, 87 *Einjährige Baumkrone nach dem Pflanzschnitt; 87 zeigt die Draufsicht*

Der Schnitt der Kernobstbäume

Aufbau- oder Erziehungsschnitt

Durch erzieherische Maßnahmen wie Formieren und Schneiden soll die junge Pyramidenkrone nach dem Pflanzschnitt weiter geformt und aufgebaut werden, so daß langfristig ein gut belichtetes und stabiles Astgerüst entsteht. Die Aufbauzeit dauert beim Buschbaum 5 bis 6 Jahre. Von der Wirkung des vorjährigen Schnittes hängt der nun erforderliche jährliche Rückschnitt der **Leitäste** ab (18–26). Hat sich zu langes Seitenholz gebildet, wurde zu kurz geschnitten; man läßt dann etwas mehr stehen, im Mittel bis zu 2/3. Zu wenig und zu kurzes Seitenholz erfordert stärkeren Rückschnitt bis auf 1/3 der Länge. Besonders in diesem Fall ist es ratsam, die spitzennahen Konkurrenzknospen im zeitigen Frühjahr auszukneifen oder seitlich wegzudrücken (86). Das Maß des Rückschnittes bezieht sich auf einen mittleren Leitast, dessen Verlängerung man meistens um die Hälfte der Länge zurückschneidet; die anderen Verlängerungstriebe nimmt man auf Saftwaage zurück oder sogar etwas tiefer, wenn sie im zurückliegenden Jahr im Wuchs begünstigt waren. Haben am **Mittelast** alle Knospen ausgetrieben, und zwar oben stark, nach unten hin schwächer, dann war der Anschnitt richtig bemessen. Bei zu starker Verzweigung kürzt man die Mittelastverlängerung etwas weniger ein, bei zu geringer Verzweigung dagegen mehr als im Vorjahr. Das mittlere Maß des Rückschnittes liegt bei knapp einer Scherenlänge über der obersten Saftwaage. Von den Steiltrieben im oberen Bereich wählt man einen geeigneten als Mittelastverlängerung, die übrigen werden auf Astring entfernt. Die mittleren und kürzeren Seitentriebe erhält man als zukünftiges **Fruchtholz**; aufwärts gerichtete, längere Triebe sind waagerecht zu binden, um so ihre Wuchskraft zu bremsen und den Blütenknospenansatz zu verfrühen.

Die nun folgenden Beispiele zum Aufbauschnitt zeigen Kronen, bei denen die Konkurrenzknospen nicht geblendet werden.

1. Aufbauschnitt

Der besseren Übersicht wegen wird der Schnitt in den Beispielen 88–93 nur an 2 Leitästen (L_1, L_2) dargestellt; die übrigen sind in gleicher Weise zu behandeln. Die Leitäste wurden in der einjährigen Krone (88) auf Saftwaage (SWP) zurückgeschnitten. Neben den Leitästen weist die Krone 1 Mittelast (M) und Fruchtholz (F) auf. Im Pflanzjahr (1. Vegetationsjahr) ist die Kronenentwicklung oft schwächer, als es 89 wiedergibt. Da nach dem Umpflanzen jedes Blatt zur Trieb- und Wurzelbildung benötigt wird, unterbleibt im ersten Sommer jeder Schnitt. 89 zeigt die Weiterentwicklung und alle Maßnahmen bis zum Frühjahr.
Sommerbehandlung (89, 90): Ende Mai werden, falls erforderlich, Stummel an Ästen sauber weggeschnitten. Ende Juli formiert man bei Bedarf. Die Leitäste (L) sollen etwa in einem Winkel

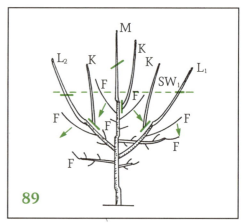

88 Einjährige Krone (der besseren Übersicht wegen sind nur 2 Leittriebe zu sehen); die Leittriebe wurden auf Saftwaage geschnitten

89 Dieselbe Krone ein Jahr später mit allen Schnitt- und Bindearbeiten; die Saftwaage, an die man die Leitäste bringt, liegt nun etwas höher

von 45° zum Mittelast verlaufen. Mittellanges Seitenholz wird waagerecht gebunden oder geklammert (Pfeile). Bedarf die Zahl der Leittriebe noch einer Ergänzung, so wählt man hierfür nun einen geeigneten Seitentrieb am Mittelast und formiert ihn ebenfalls in einem Winkel von 45° zum Mittelast.

Frühjahrsschnitt (89, 91): Vor jedem An- oder Rückschnitt sollte man zunächst eine Beurteilung der Kronenentwicklung vornehmen. Sind die Triebe zu kurz oder haben basisnahe Knospen nicht ausgetrieben, muß die Verlängerung kurz, auf etwa 1/3, geschnitten werden, im entgegengesetzten Fall länger, nämlich auf 2/3. Bei normaler Entwicklung gilt Anschnitt auf halbe Länge. Zunächst erfolgt die Freistellung der Astverlängerungen. Konkurrenztriebe (K) werden entfernt, an Leitästen nimmt man sie mit Astring weg. Leittriebe (L) werden auf etwa gleiche Höhe (Saftwaage SW_1) gebracht und auf eine äußere Knospe zurückgeschnitten. Man beginnt mit dem untersten Leitast (L_1), schneidet seinen Verlängerungstrieb entsprechend der bisherigen Entwicklung zurück und kürzt danach die übrigen Leitäste auf gleiche Höhe (SW_1). Der Mitteltrieb (M) wird wiederum etwa scherenlang über der Saftwaage eingekürzt, und zwar über einer Knospe, die die senkrechte Weiterführung des Mittelastes gewährleistet. **92** zeigt die Krone nach dem 1. Aufbauschnitt. Der entstandene Kronenwinkel zwischen L_1 und L_2 von 120° gewährleistet, daß die Krone nicht zu hoch wächst. Er könnte in Zukunft noch vergrößert werden, also noch flacher verlaufen.

Pyramidenkrone beim Apfelbuschbaum

2. Aufbauschnitt

Die Entwicklung im 2. Sommer ist aus **93** zu ersehen. Der Mittelast (M) hat im Spitzenbereich die stärksten Austriebe: 1 Mittelastverlängerung (M), 1 Konkurrenztrieb (K_1), 1 zweiter Konkurrenztrieb (K_2), darunter mittellange und kürzere Seitentriebe (F). Das ältere Fruchtholz hat sich verzweigt und etwas verlängert. An den Leitästen gibt es je 1 Verlängerungstrieb (LV), 1 Konkurrenztrieb (K) und 1 stärkeren Seitentrieb, der sich als Nebenast (N_1) eignet. Es folgen schwächere Seitentriebe, die ohne Behandlung weiteres Fruchtholz bilden. Ab der 2. Aufbauperiode empfiehlt sich eine Sommerbehandlung mit Formierung und Wegschnitt sowie ein Rückschnitt im Frühjahr.

Sommer (93): Ende Mai werden wieder gegebenenfalls die Stummel entfernt, Ende Juli werden Konkurrenztriebe (K_1, K_2) am Mitteltrieb auf Astring, an den Leitästen mit Astring weggeschnitten. Die Leitastwinkel werden überprüft, die Krone wird nachformiert, die Mittelastverlängerung (M) ist notfalls durch Schienen in die Mittelachse zu stellen. Je ein kräftiger Seitentrieb an den Leitästen kann als zukünftiger Nebenast (N) auf 30° zur Waagerechten formiert werden, wenn die Voraussetzungen günstig sind **(97, 98)**. Sonstige längere Seitentriebe bindet man als Fruchtholz (F) waagerecht **(93; Pfeile)**; so sind sie auch den Leitästen deutlich untergeordnet.

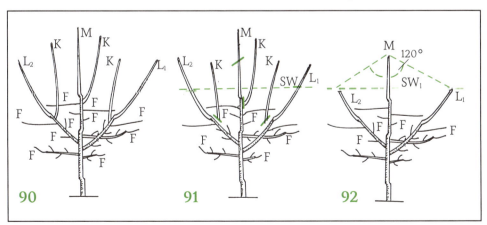

90 Im 1. Sommer beschränkt man sich auf das Binden und Formieren

91 Im darauffolgenden Frühjahr werden Konkurrenztriebe entfernt und die Äste angeschnitten

92 So sieht die zweijährige Krone nach dem 1. Aufbauschnitt aus

Der Schnitt der Kernobstbäume

Frühjahr (94; nur noch die rechte Kronenhälfte wird gezeigt): Nach Prüfung der Entwicklung aller zukünftigen Äste erfolgt ein Rückschnitt. Vom schwächsten Leitast (L_1) wird etwa 1/3 des Verlängerungstriebes auf eine Außenknospe abgeschnitten, die übrigen Leittriebe werden auf dieselbe Höhe (SW_2) zurückgenommen. Nebenäste (N_1) kürzt man unter einem 45°-Winkel auf eine äußere Knospe ein. Der Mittelast (M) endet scherenlang über SW_2. Fruchtholz bleibt unbehandelt. Die fertig geschnittene Teilkrone zeigt **95**.

Nebenäste

Nebenäste, auch Fruchtäste genannt, übernehmen die Aufgabe, den unteren Bereich der Leitäste auszufüllen, und sorgen so für ausladende Kronen. Beim 2. bzw. 3. Erziehungsschnitt beginnt der Aufbau der Nebenäste. Ihnen ist der äußere, untere Bereich der Leitäste (L) vorbehalten. Verdeutlicht wird dies durch Abb. **96**, die einen senkrechten Schnitt durch einen Leitast (L) zeigt, der durch das eingezeichnete Kreuz in 4 Kreisabschnitte unterteilt ist. Die Kreisbogen links und rechts stellen die sogenannten echten Astseiten dar, oben ist die Innen- oder Oberseite (O), unten die Außen- oder Unterseite. Das Fruchtholz befindet sich hauptsächlich an den echten Seiten, zum kleineren Teil auch oben und unten.

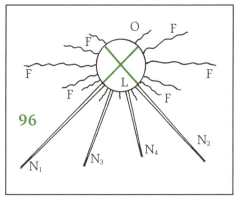

96 *Der senkrechte Schnitt durch einen Leitast zeigt die Verteilung von Fruchtholz und Nebenästen*

Die Außenseite steht also für Nebenäste $(N_1–N_4)$ zur Verfügung. Man wählt dazu stärkere Seitentriebe, die leicht nach außen, aber nicht zu stark nach der Seite gerichtet sind. Sie würden sonst den Zugang zum Kroneninnern versperren. Andererseits wären Nebenäste, die direkt unter einem Leitast liegen, zu stark beschattet. Je nach Wüchsigkeit des Baumes soll der 1. Nebenast (N_1) vom Mittelast 50–70 cm Abstand haben oder 70–100 cm von der Leitastbasis entfernt sein. Im 2. Standjahr ist dies bei wüchsigeren Bäumen bereits der Fall.

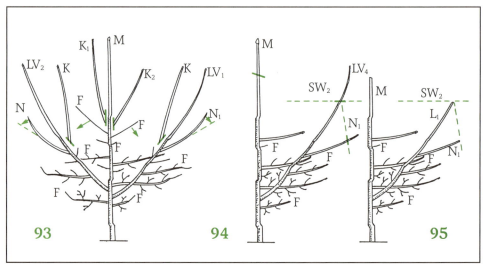

93 *Im 2. Sommer wird der 2. Aufbauschnitt vorgenommen*

94 *Im nächsten Frühjahr schneidet man lediglich die Äste an*

95 *Dreijährige Krone nach dem Formieren und Schneiden*

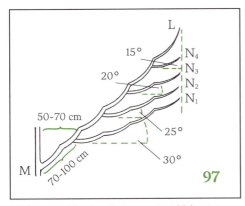

97 *Seitenansicht eines Leitastes mit 4 Nebenästen; ihr Abstand beträgt mindestens 60 cm*

Pyramidenkrone beim Apfelbuschbaum

kürzer und stellt sie flacher. Der 1. Nebenast sollte einen Winkel von etwa 30° zu einer gedachten Waagerechten aufweisen; bei den folgenden Nebenästen nimmt dieser Winkel um je 5° ab **(97)**. Auch beim Rückschnitt der Nebenäste nimmt man am besten einen gedachten Winkel zur Hilfe. Man stellt sich dazu an der Spitze des zurückgeschnittenen Leitastes *(L)* einen 45°-Winkel vor **(99)**. Ein Schenkel des Winkels deckt sich mit dem Leitast, der andere, freie Schenkel begrenzt die Länge des Nebenastes *(N_1)*, legt also in etwa die Schnittstelle fest. In der Nähe dieser Stelle sucht man sich eine Außenknospe, die eine gerade Verlängerung gewährleistet, und schneidet über dieser Knospe möglichst auf Auge **(83, 85)**.

Am Mittelast mittelstark wachsender (Busch-)Bäume sind oberhalb der Leitäste keine Nebenäste (sondern nur Fruchtzweige) vorzusehen. In wüchsigeren Kronen dagegen ist auch Platz für Nebenäste am Mittelast, wie es später beim Halb- und Hochstamm gezeigt wird.

Bis zum 5. Aufbauschnitt lassen sich 4 Nebenäste aufbauen **(97)**. Die Abbildung könnte vermuten lassen, daß sich die Nebenäste überlagern; das ist jedoch nicht der Fall, wie man in **98** erkennen kann, die diesen Leitast *(L)* von oben zeigt.
An schwach bis mittelstark wachsenden (Buschbaum-)Kronen nimmt man den 1. Nebenast erst beim 3. Erziehungsschnitt hinzu. Beim 4. und 5. Erziehungsschnitt wird aus den stärksten Seitentrieben je ein weiterer Nebenast ausgewählt. Der Abstand zwischen 2 Nebenästen sollte mindestens 60 cm betragen. Da die Nebenäste den Leitästen unterzuordnen sind **(98)**, hält man sie

Weitere Aufbauschnitte

3. Aufbauschnitt (99): Spätestens Anfang Juni werden die Stummel, die beim Frühjahrsschnitt stehengeblieben sind, entfernt.

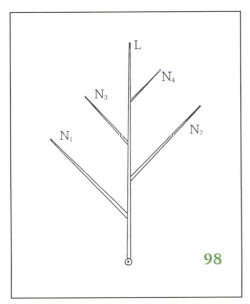

98 *Derselbe Leitast, von oben gesehen*

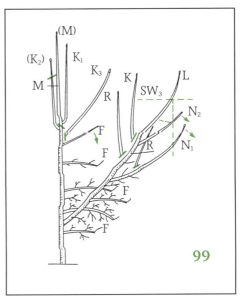

99 *Die Pyramidenkrone im 3. Sommer*

Der Schnitt der Kernobstbäume

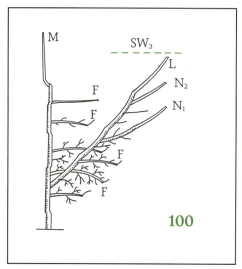

100

100 *Vierjährige Pyramidenkrone nach Beendigung des 3. Aufbauschnittes*

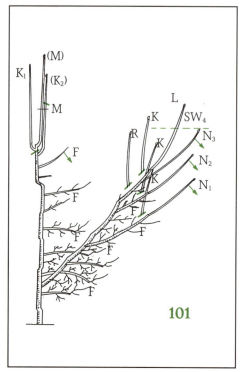

101

101 *Pyramidenkrone im 4. Sommer (Teilansicht): Anfang August werden wieder Konkurrenz- und Reitertriebe entfernt; gegebenenfalls ist zu formieren*

Sommer: Im Juli/August beseitigt man dann Konkurrenz- und Reitertriebe *(K, R)* auf Leit- und Nebenästen *(L, N)* mit Astring. Am Mittelast *(M)* kann man wie im Vorjahr schneiden oder bei Steilwuchs Mittelastverlängerung *(M)* und Konkurrenztrieb (K_1) bis zu K_2 zurücknehmen sowie K_3 auf Astring entfernen. Der 2. Nebenast (N_2) wird auf ca. 25° über der Waagerechten formiert (vgl. auch **97**). Am Mittelast stellt man oberes Seitenholz waagerecht, zuvor werden alte Bindungen entfernt. Alle Wunden sind anschließend sorgfältig zu verstreichen.

Im darauffolgenden *Frühjahr* werden ebenso wie im Vorjahr die Leitäste *(L)* auf Saftwaage (SW_3) zurückgenommen. Die Nebenäste *(N)* kürzt man wieder auf den freien Schenkel des 45°-Winkels und den Mittelast *(M)* scherenlang über SW_3. Wundverschluß nicht vergessen! Auf die Möglichkeit der Knospenblendung (**86**) wurde bereits in der Einleitung zum Aufbau- oder Erziehungsschnitt hingewiesen.

4. Aufbauschnitt (101): Anfang Juni erfolgt wieder der Wegschnitt von Stummeln.

Im *Sommer* werden wie im 2. und 3. Standjahr zunächst Konkurrenz- und Reitertriebe *(K, R)* entfernt. Bei Bedarf formiert man anschließend die

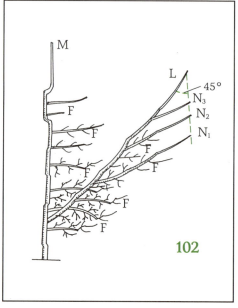

102

102 *Die nun fünfjährige Krone im Frühjahr; mit dem Anschneiden des Mittelastes sowie der Leit- und Nebenäste wird der 4. Aufbauschnitt abgeschlossen*

Apfelbuschbaum
Vierjährige Krone, 1 Mittelast, 4 Leitäste; triebwillig, an den Astenden besonders stark. Die Fruchtzweige in der Kronenmitte sind zu lang.

4. Aufbauschnitt: Da die Krone etwas eng ist, wurden die Leitäste auf Außentriebe abgeleitet und auf Saftwaage geschnitten. Die Fruchtzweige im mittleren Bereich des Mittelastes sind auf halbe Länge gesetzt, damit sich hier keine Äste entwickeln. Zum Einkürzen des Mittelastes wurde auf einen geeigneten Seitentrieb abgeleitet, der die Saftwaage nur wenig überragt. So läßt sich Steilwuchs unterbinden.

a

Apfelbuschbaum
Fünfjährige Krone. Durch geduldeten Höhenwuchs ist die Krone im Innern sehr beschattet, und den Leitästen fehlt es an Stabilität.

5. Aufbauschnitt: Die Leitäste wurden auf Abzweigung geschnitten, die Endtriebe freigestellt und auf etwa gleiche Höhe gesetzt. Ein ehemaliger Konkurrenztrieb (Kronenmitte) durfte nicht stehenbleiben, da man über den Leitästen stärkere Zweige nicht dulden sollte. Reitertriebe entfernt man mit Astring, Steiltriebe am Mittelast auf Astring.

b

Der Schnitt der Kernobstbäume

Nebenäste (N_1–N_3; vgl. Pfeile), so daß sie einen Winkel von 25-30° zur Waagerechten bilden. Auch bei den Leitästen *(L)* kann ein Formieren auf 45° noch erforderlich sein. Mittelwüchsige Seitentriebe *(F)* am Mittelast bringt man in die Waagerechte. Auch hier werden die Arbeiten durch sorgfältigen Wundverschluß beendet.

Frühjahr (101, 102): Die Verlängerungstriebe der Äste werden zurückgeschnitten. Die Leitäste *(L)* sollen wieder in Höhe der Saftwaage *(SW_4)* enden. Wüchsige Äste mit reichlich Seitenholz müssen rechtzeitig stärker angeschnitten und gleichzeitig ausgelichtet werden, um das Dickenwachstum nicht einseitig zu fördern. Schwächer wachsende Äste schneidet man dagegen weniger stark. Den jüngeren Nebenast *(N_3)* nimmt man ebenso wie die übrigen Nebenäste auf den mehrmals erwähnten 45°-Winkel an der Leitastspitze zurück. Der Mittelast endet scherenlang über der obersten Saftwaage, falls es keine starken Abweichungen einzelner Leitäste vom Mittelmaß gibt. Abschließend muß wieder ein Wundverschluß durchgeführt werden.

Ein **5. Aufbauschnitt** ist erforderlich, wenn Dicke und Stabilität der Äste noch nicht ausreichen, um den Fruchtbehang zu tragen. Sie dürfen sich weder stärker senken noch abkippen. Bei schwächer wachsenden Bäumen ist dies eher zu befürchten als bei wüchsigeren. Mit jedem weiteren Jahr wird jedoch grundsätzlich weniger zurückgeschnitten. Schnittwunden ab Pfenniggröße müssen noch sorgfältig verschlossen werden. Das fertige Astgerüst einer Buschbaum-Pyramidenvollkrone zeigt **145** (s. S. 60). Wie die gesamte Krone nach dem 4. und 5. Aufbauschnittt aussieht, veranschaulicht die vorstehende Bildtafel.

Schnitt bei mangelhaftem Kronenaufbau

Wurde der Aufbauschnitt einmal oder gar mehrmals unterlassen, so gibt es vielfach zu dichte Kronen; manchmal kommt es auch zu einer Überbauung der unteren Äste, und basisnah wird zuwenig Blühholz gebildet (vgl. S. 43, Abb. **b).** Meist sind dann stärkere Schnitteingriffe und weitgehende Formierungsarbeiten notwendig, um wieder eine lichte, zweckmäßig angeordnete, tragfähige Krone zu bekommen. Der Rückschnitt ins vor- bis

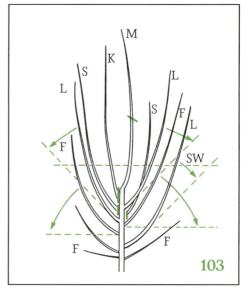

103 *Einjährige Hochstammkrone*

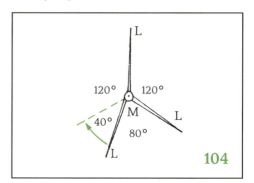

104 *Anordnung der Leittriebe (Draufsicht)*

mehrjährige Holz ist dabei oft nicht zu umgehen. Seitenholz sollte so lange ungekürzt bleiben, bis es drei- bis viermal Früchte gebracht hat. Zu langes Seitenholz bindet man am besten im Sommer waagerecht. Oberseitenholz (Konkurrenztriebe, Reitertriebe, Endvergabelungen) darf man in jungen Kronen nicht dulden. Leitäste müssen mit je einem Endtrieb in gleicher Höhe stehen. Der Mittelast sollte die Leitäste nur wenig überragen und mit schwachem, flach verlaufendem Holz besetzt sein. Ist die gesamte Korrekturarbeit auf einmal nicht möglich, z.B. bei stark einseitigem Wuchs, so wird sie im darauffolgenden Jahr fortgesetzt, und zwar durch Formieren, Binden und Wegschnitt im Sommer sowie durch Anschnitt im zeitigen Frühjahr.

Pflanz- und Aufbauschnitt von Halb- und Hochstämmen

Halb- und Hochstämme

Stark bis sehr stark wachsende Apfel- und Birnbäume sind auf wüchsige Unterlagen veredelt und bilden deshalb große Kronen, die spät in das Ertragsstadium kommen. Solche Bäume erfordern ein eher natürliches Kronengerüst mit Leit- und Nebenästen, an denen sich das Fruchtholz befindet. Während das Fruchtholz die Äste überwiegend seitlich garnieren soll, kann es bei Zweigen allseitig stehen. Die Zahl der Leitäste sollte auf 3, höchstens 4 beschränkt werden, da die Äste sich breitflächig ausdehnen. Pflanzfertige Halb- und Hochstämme (103) besitzen größere Kronen als Buschbäume und tragen mehr Triebe.

Beim Pflanzschnitt bestimmt man möglichst nur 3 Seitentriebe als zukünftige Leitäste (103: L), die nicht eng beieinander, sondern gut verteilt stehen sollten. Weggeschnitten werden der Konkurrenztrieb (K) und überzählige Seitentriebe im oberen Bereich (S). Untere bleiben dagegen erhalten, wobei man die längeren waagerecht stellt (F), damit sie etwas früher fruchten. Nach Formierung der Leittriebe auf etwa 45° zur Mittelachse (unterbrochene Linien) erfolgt der Rückschnitt auf Saftwaage (SW) und der Anschnitt des Mitteltriebes scherenlang darüber. Wenn der Winkel, den die Leittriebe von oben gesehen zueinander bilden, nicht in etwa 120° beträgt (104), muß auch seitlich durch Spreizen oder Binden formiert werden (Pfeil).

Der Aufbau der Nebenäste beschränkt sich nicht nur auf die Leitäste, sondern hat auch am Mittelast Bedeutung. Hier können vom 3. bis 5. Aufbauschnitt an 3 bis 4 weitere Nebenäste (NM) hinzukommen (105). Damit genügend Licht ins Kroneninnere fällt, muß der 1. Nebenast (NM_1) min-

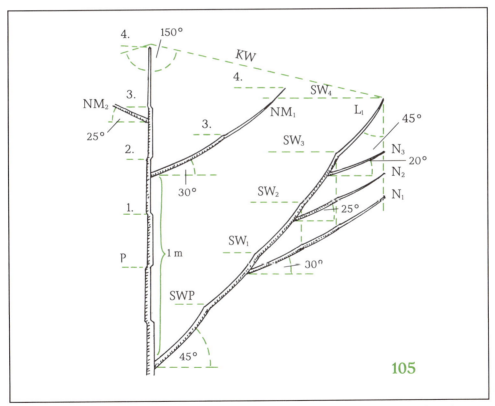

105 *Astgerüst einer Hochstammkrone (Teilansicht); die Abbildung zeigt die Entwicklung vom Pflanzschnitt (SWP) bis zum 4. Aufbauschnitt (SW_4). Die Ziffern links markieren die jeweilige Höhe des Mittelastes nach den Aufbauschnitten 1–4 (P = Höhe nach dem Pflanzschnitt)*

Der Schnitt der Kernobstbäume

destens 1 m Abstand vom untersten Leitast (L_1) haben. Im nächsten Jahr kommt dann NM_2 hinzu usw. Man wählt möglichst solche Triebe aus, die sich über den Nebenästen (N) der Leitäste befinden und nicht die Lücke zwischen 2 Leitästen ausfüllen. Andernfalls ist es immer sehr schwer, eine höhere Leiter in Mittelastnähe aufzustellen. Der Anstiegswinkel, also der Winkel zu einer gedachten Waagerechten, beträgt im ersten Jahr 30° und nimmt dann jährlich um 5° ab. Nebenäste am Mittelast (NM) dürfen die oberste Saftwaage (SW_4) mäßig überragen, nicht aber die Schenkel des Kronenwinkels (KW). Dieser wurde hier besonders groß gewählt (150°), um den Höhenwuchs des Mittelastes (M) einzuschränken. Stark aufwärts strebende Leitastverlängerungen erfordern während der ganzen Aufbauzeit noch das Setzen von Spreizhölzern **(79, 80, 86)**. Dadurch wird eine breite, ausladende Krone geschaffen, die in allen Teilen reichlich Sonnenlicht erhält. Leitäste und Mittelast werden meist nach 5 Jahren nicht mehr angeschnitten, bei Nebenästen stellt man das Anschneiden schon nach 3 bis 4 Jahren ein. Danach bremst man das Triebwachstum durch Wegschneiden und Binden. Lange Oberseitentriebe sind Mitte August zu entfernen, wodurch der Blütenansatz begünstigt wird. (In den Zeichnungen wurde das Fruchtholz, das sich an allen Ästen befindet, der besseren Übersicht wegen weggelassen; vgl. auch S. 47).)

Die Hohlkrone

Sie ist für den Apfel recht gut geeignet, für die Birne dagegen weniger. Der Aufbau der Leitäste erfolgt in gleicher Weise wie bei der Pyramidenkrone, der Mitteltrieb dagegen wird schon beim Pflanzschnitt entfernt. Hohlkronen sind meist schmaler als Pyramidenkronen. Bei ziemlich steil stehenden Leitästen und starken Endvergabelungen ist es günstiger, auf einen Außentrieb abzuleiten, als ein Spreizholz zu setzen. Die 4 bis 5 Leitäste werden stets auf Saftwaage geschnitten, bei der Erziehung der Nebenäste geht man ebenso vor wie bei der Pyramidenkrone. Einen Apfelbuschbaum mit Hohlkrone zeigt Abbildung **a** auf Seite 68.

In schneereichen Gebieten ist die Hohlkrone mehr gefährdet als die Pyramidenkrone, so daß man auf sie dort größtenteils verzichten sollte. Da die Hohlkrone beim Steinobst größere Bedeutung hat, sei hier kurz auf diese Obstarten vorgegriffen. Von den Steinobstarten entwickelt sich der Pfirsichbaum am besten ohne Mittelast, der schon beim Pflanzschnitt entfernt wird. Der Schnitt muß sehr sorgfältig erfolgen, damit es zu keinem weiteren Astverlust kommen kann; ein Wundverschluß darf nicht versäumt werden. Man beginnt den Kronenaufbau mit 3 Leitästen, die man jeweils 2 bis 3 Nebenäste bilden läßt. Bei ziemlich flachem Verlauf der Leitäste ist es zweckmäßig, jeden Ast zweimal vergabeln zu lassen, so daß man dann insgesamt 12 Astspitzen hat, die in gleicher Höhe gehalten werden. Da der Pfirsich besonders lichthungrig ist, kommt ihm die Hohlkrone gut zustatten.

Bei Sauerkirschen konnte man in Versuchen Ertrag und Fruchtqualität verbessern, wenn bald nach dem Erziehungsschnitt der Mittelast herausgenommen wurde.

Da ältere Süßkirschenbäume auf Vogelkirsche mit den Jahren zu hoch werden, empfiehlt sich das Einkürzen des Mittelastes. Dies muß jedoch in Etappen erfolgen, um Gummifluß zu vermeiden. Man sollte bei dieser Obstart stets nur eine kombinierte Krone (vgl. S. 109, Abb. **250**) anstreben und keine echte Hohlkrone. Wer von seinen Süßkirschen möglichst viel ernten möchte, muß Schutzmaßnahmen leicht anbringen können, wobei ein eingekürzter Mittelast günstig ist. Auch die Ernte wird so erleichtert.

Pflaumenbäume kann man mit oder ohne Mittelast aufbauen. Bei Steilwuchs hat sich jedoch die Hohlkrone bewährt. Auch ältere, zu hohe oder zu dichte Pflaumen- und Zwetschenbäume lassen sich noch auf eine Hohlkrone umstellen. Zweckmäßig ist es jedoch, hier zuerst die kombinierte Krone zu wählen. In jedem Fall sind die Leitäste in gleicher Höhe auf Saftwaage zu halten. Zu langer Neuwuchs auf den Astinnenseiten ist von Nachteil. Entweder kürzt man solche Steiltriebe im Juni/Juli ein oder man entfernt sie ganz.

Apfelhalbstamm
Sorte 'Breuhahn', vierjährige Krone, 1 Mittelast, 4 Leitäste, einzelne Nebenäste. Der letzte Aufbauschnitt ist an der Reihe.

4. Aufbauschnitt: Die Leitäste wurden auf Höhe des kürzesten Leitastes (rechts) geschnitten, nach innen wachsende Zweige und Triebe mit Astring entfernt. Am Mittelast war ein steiler Zweig auf Astring abzusägen. Der Mittelast wurde auf einen tiefer stehenden Seitentrieb zurückgesetzt und so eingekürzt, daß er die Saftwaage wenig überragt. Weitere Korrekturen wurden an den Nebenästen vorgenommen.

Apfelhalbstamm
6 Jahre; 1 Mittelast, mehrere Leit- und Nebenäste. Viele junge Triebe auf den Ästen und an den Astenden machen die Krone zu dicht.

Auslichtungs- und Ertragsschnitt: Entfernt wurden Reiter- und Konkurrenztriebe auf den Ästen mit Astring. An der Mittelastverlängerung verbleibt nur ein schwacher Endtrieb, der weniger Schößlinge erwarten läßt. Zum Fruchten bleibt noch reichlich Jungholz.

Der Schnitt der Kernobstbäume

Das Fruchtholz bei Apfel und Birne

Sowohl beim Erhaltungsschnitt als auch beim Auslichten und Verjüngen muß sich der Obstgärtner mit dem Fruchtholz auseinandersetzen. Dazu sind ausreichende Kenntnisse der verschiedenen Formen des Fruchtholzes sowie der Blatt- und Blütenknospen erforderlich, um beurteilen zu können, wo und in welchem Maße der Schnitt zweckmäßig ist (vgl. **106**). Während ein einjähriger Langtrieb bei Apfel und Birne (h_1) meist nur schlanke, spitze Holz- oder Triebknospen (H, T) hervorbringt, bilden sich vom 2. Jahr (h_2) an zunehmend Blattknospen $(1–4: B)$ und Blüten- oder Fruchtknospen $(5–7: Fr)$, die dick und rundlich sind. Die kürzesten Fruchttriebe bezeichnet man als Fruchtsprosse $(3, 4: s)$. Bei 5–15 cm Länge spricht man vom Fruchtspieß $(5, 6: fs)$, bei 15–30 cm langen Trieben von der Fruchtrute $(7: f)$. Die Endknospen der drei letztgenannten sind stets Blütenknospen, während an der Spitze der anderen Triebe meist eine Blattknospe steht.

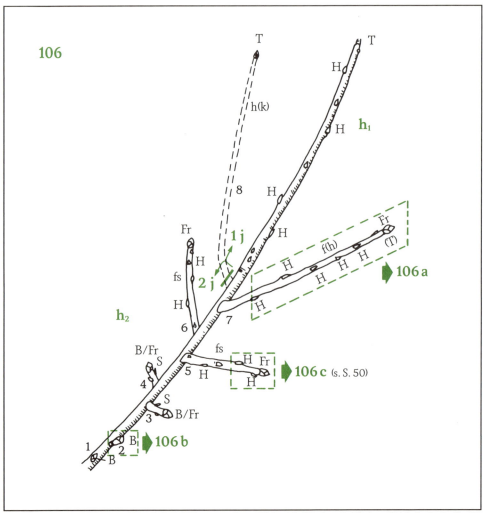

106 *Knospenentwicklung und Fruchtholzbildung an einem Holztrieb (h). Am einjährigen Triebabschnitt (h_1, 1j) finden sich nur Holz- bzw. Triebknospen, am zweijährigen Abschnitt (h_2, 2j) bilden sich dagegen an den Positionen 1–7 Blattknospen und Fruchtholz; bei 3–8 handelt es sich um einjährige Triebbildungen am zweijährigen Holz*

Verfolgen wir nun die Entwicklung der Fruchtrute *(f)* ein Jahr später an der Abb. **106a**. Wo sich eine Frucht bildet, verdickt sich die Ansatzstelle durch Ablagerung fruchtbildender Stoffe. Diese verdickte Stelle nennt man einen Fruchtkuchen *(FK)*, aus dem sich 2 neue Fruchttriebe entwickeln. Durch das Gewicht der Früchte an ihrem Ende hängt die Fruchtrute zunehmend nach unten und wird deshalb Fruchtbogen *(b)* genannt. Aus dessen Seitenknospen entsteht im selben Jahr Fruchtholz. Die aus dem Fruchtkuchen *(FK)* entwickelten Sprosse bilden zunächst nur Blattknospen *(B)*. Im nächsten Jahr *(3j)* entsteht dann auch hier aus dem oberen Sproß eine Blütenknospe *(Fr)*, und seitlich bilden sich neue Blattknospen. Dagegen kommt der untere Sproß, der dem Fruchtkuchen entspringt, über das Blattknospenstadium oft nicht hinaus.

Nach einem weiteren Jahr *(4j)* reichen dann die Kräfte zur Bildung von Blüte, Frucht und Fruchtkuchen *(FK)* aus. Die sich aus dem neuen Fruchtkuchen bildenden Ringelspieße *(rs)* zeigen auch nach weiteren 5 Jahren keinen Fruchtkuchen *(8j)* und sollten bei Verjüngung entfernt werden, wie es durch den Schnittstrich angezeigt wird.

Das Fruchtholz bei Apfel und Birne

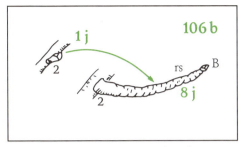

106 b *Aus der Blattknospe 2 ist nach 7 Jahren ein unfruchtbarer Ringelspieß geworden*

Solange die Fruchtorgane jung sind, bilden sie gute Früchte und weiteres Fruchtholz aus. Dies ist beim Apfel etwa 4 Jahre, bei Birne 5 bis 6 Jahre lang der Fall. Junges Fruchtholz erkennt man an der meist glatten Rinde. Wo die Rinde dagegen narbig bis borkig ist, haben wir es mit älterem Fruchtholz zu tun. Zum alten Fruchtholz gehört der Ringelspieß **(106b: rs)**. Er trägt im Sommer eine Rosette aus etwa 3 Blättern und wächst immer nur wenige Millimeter weiter.

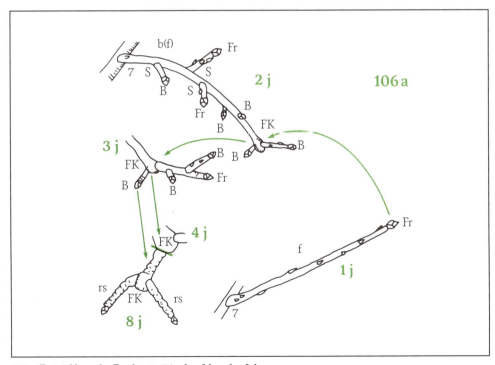

106 a *Entwicklung der Fruchtrute 7 in den folgenden Jahren*

Der Schnitt der Kernobstbäume

Durch den jährlichen Blattfall bleiben die ringelartigen Narben zurück, von denen dieses Fruchtholz seinen Namen hat. Ringelspieße dürfen nicht zu alt werden, da sie dann überhaupt nicht mehr blühen und den Baum nur belasten. Man schneidet sie deshalb nach 5 bis 8 Jahren weg.

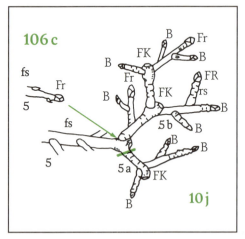

106 c *Nach einigen Jahren kommt es an dem Fruchtspieß 5 allmählich zur Quirlholzbildung*

Da Fruchtsproß, Fruchtspieß, Fruchtrute und Fruchtkuchen von Jahr zu Jahr weitere Fruchttriebe bilden, entsteht nach und nach das Quirlholz, wie es an dem Fruchtspieß in **106c** zu sehen ist. In den ersten Jahren entwickeln sich die Früchte hier noch zufriedenstellend, später nimmt dann jedoch die Qualität ab. Dieser Zustand tritt im allgemeinen ein, wenn mehr als 20 Fruchtknospen auf verhältnismäßig engem Raum stehen. Schneiden Sie dann das Quirlholz bis zur Hälfte zurück, vor allem abwärtsweisende Teile mit kleinen Knospen *(5a, 5b)*. Aus dem verbleibenden Quirlholz werden sich dann wieder junge Fruchttriebe bilden, so daß weitere Ringelspieße entfernt werden können.

Auch junge Holztriebe, die sich seitlich an den Leit- und Nebenästen bilden, kommen als zukünftiges Fruchtholz in Frage, was oft zuwenig beachtet wird. Trieb 7 z.B., der hier als Fruchtrute *(f)* dargestellt ist, könnte auch ein Holztrieb *(h)* sein und mit spitzer Terminalknospe *(T)* enden. Auch dann wäre er als späteres Fruchtholz geeignet. Dagegen sind Oberseitentriebe auf den Ästen oder Zweigen, die mit deren Verlängerung konkurrieren *(8)*, für späteres Fruchtholz meist ungeeignet und zu entfernen – allerdings nicht, wenn sie auf einem Fruchtzweig oder Fruchtbogen stehen. Hier läßt sich ein solcher Trieb als gutes Fruchtholz nutzen, bleibt zunächst ungekürzt und bildet später durch den Fruchtbehang ebenfalls einen Fruchtbogen *(7)*. Bis zum 3. Jahr sind Fruchtbögen zunehmend ertragsreicher. Außerdem entsteht auf ihrem Scheitel meist ein Holztrieb, der eine willkommene Gelegenheit zur Verjüngung des Fruchtbogens bietet, die man nach etwa 4 Jahren Erntezeit durchführt. Der Schnitt am Fruchtholz erfolgt grundsätzlich in der Ruhezeit, wodurch der Holztrieb besser angeregt wird. Die Behandlung des Fruchtholzes sollte stets besonders sorgfältig erfolgen, denn: »Ein Obstbaum ist so jung wie sein Fruchtholz«.

Ertrags- oder Erhaltungsschnitt

Beim Ertrags- oder Erhaltungsschnitt, der auch Instandhaltungsschnitt genannt wird, steht nicht mehr der An- oder Rückschnitt, sondern der Wegschnitt im Vordergrund. Dazu kommt das Ab- oder Aufleiten. Astverlängerungen werden nur noch ganz selten angeschnitten, beispielsweise dann, wenn ein besonderer Wuchsanreiz gegeben werden soll. Da das Wachstum noch anhält, darf man auch ältere Bäume nicht sich selbst überlassen, sonst geht der gute, lockere Kronenaufbau bald verloren. Solange sich am älteren Fruchtholz noch längere Verjüngungstriebe bilden, braucht jedoch die Krone nicht verkleinert zu werden.

Schnitt der Leitastenden

Betrachten wir zunächst die Enden der Leitäste **(107)**. Sie sind über die letzte Saftwaage *(SWx)* hinausgewachsen und müssen wieder auf gleiche Höhe *(SWy)* gebracht werden, wobei sich eine etwas höhere Schnittebene ergibt. Das Vorgehen wird in Beispiel **107** der besseren Übersicht wegen nur an 2 Leitästen *(L_1, L_4)* gezeigt. Man beginnt beim schwächsten Leitast *(L_1)*. Sein Verlängerungstrieb *(LV_1)* soll die neue Saftwaage *(SWy)* festlegen. Die letzten 20 cm sind von Verzweigungen freizuschneiden, damit im Spitzenbereich so wenig Triebknospen wie möglich verbleiben.

Je höher kräftige Leitäste stehen, desto wüchsiger sind sie. So zeigt L_4 an der Spitze ein Büschel Steiltriebe *(S)*. Diese darf man nicht dulden; denn sie führen zu einer einseitigen Entwicklung der Krone, so daß schwächere Äste an Leistungskraft stark verlieren. Hier hilft das Ableiten auf einen tieferen Seitentrieb, der den Leitast in möglichst gerader Richtung verlängert *(LV_4)*. Zu starkem Wuchs kann man vorbeugen, indem man den Trieb etwas unter der Saftwaage enden läßt. Auch hier erfolgt eine Freistellung, also ein Entfernen der Verzweigungen in den oberen 20 cm. Ähnlich verfährt man mit den übrigen Leitästen.

»Weidenkopf« und »Strauchbesen«

Völlig falsch wäre es, sämtliche Triebe eines Büschels am Leitastende zu kürzen. Diesen unüberlegten Rückschnitt, wie er in **108** markiert ist, sieht man leider allzuoft. Durch eine derartige Verstümmelung entsteht eine Art »Weidenkopf« mit vielen triebbereiten Knospen. Diese »reißen« die Nährstoffe an sich und treiben munter aus. Als Folge entwickeln sich Büschel langer Holztriebe **(109)**, die einem Strauchbesen gleichen und die Kronenperipherie verdichten. So wechseln »Weidenköpfe« und »Strauchbesen« jahrein, jahraus ab, bis der Baum sich erschöpft hat.

Ertrags- oder Erhaltungsschnitt

Der Zutritt von Licht und Luft wird durch diese Verdichtung stark beeinträchtigt, Krankheiten und Schädlinge dagegen werden gefördert. Für die unteren Partien reichen die Nährstoffe nicht aus. Hier wird man deshalb nur wenige, minderwertige Früchte ernten. Die fruchtbare Zone entfernt sich immer mehr vom Boden, gleichzeitig kann sich oben in den dichten, quirlartigen »Strauchbesen« kein Qualitätsobst entwickeln. Was ist in diesem Fall zu tun?

Lassen Sie zunächst den »Weidenkopf«-Schnitt bleiben. Die »Strauchbesen« werden mit möglichst wenig Schnitten bis zu einem tieferen Außentrieb entfernt **(110)**, der etwa 20 cm an der Spitze freigeschnitten wird und ungekürzt bleibt. Günstig ist es, wenn alle Leitastenden *(L)* bereits in einem Jahr auf dieselbe Höhe abgeleitet werden können. Diese Nachbehandlung führt man am besten Mitte August durch. Der Baum dankt es Ihnen durch vermehrte Blütenknospenbildung noch im selben Jahr. Was nicht auf einmal möglich ist, wird im nächsten Jahr nachgeholt. So erhalten alle Kronenteile wieder genügend Licht und Luft, und die Gesundheit des Baumes wird erhalten.

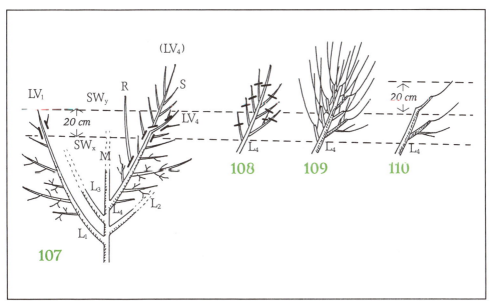

107 Zuerst werden die Leitastenden auf gleiche Höhe gebracht

108 Falsch, aber leider oft zu beobachten: Verstümmelung zum »Weidenkopf«

109 Als Folge des »Weidenkopf«-Schnittes entsteht ein »Strauchbesen«

110 So sieht der »Strauchbesen« nach sachgemäßer Nachbehandlung aus

Der Schnitt der Kernobstbäume

Schnitt der Nebenäste

Die Enden der Nebenäste werden genauso behandelt wie die der Leitäste, wobei unbedingt auch die Rangordnung beachtet werden muß. Vor allem dürfen die oberen Nebenäste nicht länger und steiler wachsen als die unteren. Nebenäste, die sich durch starken Fruchtbehang nach unten gebogen haben (111: *a*), sind möglichst zu stützen (bis zur unterbrochenen Linie) und alsbald auf einen Oberseitentrieb als neue Verlängerung *(NV)* aufzuleiten *(b)*, da abwärts gerichtete Astteile nur unzureichend versorgt werden. Wenn Nebenäste am Mittelast *(NM)* dazu neigen, stark in die Höhe zu wachsen, wird auf einen flachen Seitentrieb abgeleitet *(NV)* (113).

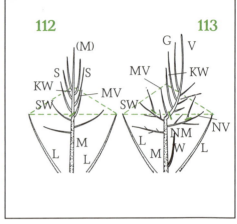

112, 113 *Schnitt im Spitzenbereich des Mittelastes bei aufrecht (112) und bei schräg wachsendem (113) Verlängerungstrieb*

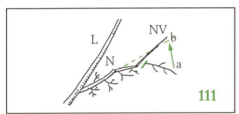

111 *Aufleiten eines Nebenastes*

Oberseitentriebe

Starke Oberseitenschößlinge auf Leit- und Nebenästen haben die unangenehme Eigenschaft, das fruchtbare Seitenholz rasch zum Vergreisen zu bringen. Reitertriebe (107: *R*), Wasserschosse usw. sind deshalb bei jüngeren Bäumen mit Astring wegzuschneiden. In dichten Kronen kann schon im Juni der junge Schößling entfernt werden (vgl. Sommerriß, Kapitel »Frühsommerschnitt«), sonst wartet man damit bis Mitte August.

Schnitt am Mittelast

Auch im Spitzenbereich des Mittelastes (112) kommt es rasch zur Büschelbildung. Hier muß man bis ins vorjährige Holz zurückschneiden und einen schwachen Seitentrieb als neuen Verlängerungstrieb *(MV)* auswählen. Vorhandener Steilwuchs kann etwas gebremst werden, indem man den Kronenwinkel *(KW)* auf über 120° bringt. Selbst wenn der Verlängerungstrieb *(V)* flacher wächst, reguliert sich das schon im nächsten Jahr wieder (113). Da an ihm mehrere Oberseitentriebe entstehen, leitet man die neue Mittelastverlängerung *(MV)* auf den tiefsten Seitentrieb ab, der gleichzeitig der schwächste ist. In diesem Fall behält der Mittelast sogar die gleiche Höhe. Das bedeutet nicht nur eine Senkung des Gipfels *(G)*, sondern bewirkt gleichzeitig eine schwache Verjüngung und vermehrte Jungtriebbildung bis zur Kronenbasis.

Haben sich am Mittelast *(M)* junge Schößlinge *(W)* gebildet (113), so ist schon Anfang Juni zu entscheiden, ob man sie entfernt oder als Fruchtholz nutzen will; in diesem Fall werden sie dann Ende

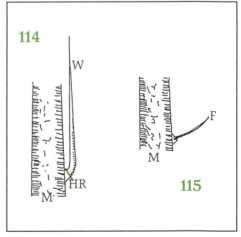

114, 115 *Schneidet man einen Wasserschoß auf Asthalbring, so wächst hier im nächsten Jahr ein flachgerichteter Trieb (115)*

Juli in die Waagerechte gebunden. Läßt man steil stehende Schößlinge (114: W) jedoch zur vollen Entwicklung kommen, kann man sie nicht mehr herunterbiegen. Als einfachste Lösung bleibt dann der Wegschnitt auf Astring. Wenn man hier im nächsten Jahr unbedingt einen flachgerichteten Trieb (115: F) haben will, wendet man den Schnitt auf Asthalbring (HR) an.

Fruchtholzschnitt

Nachdem Blütenzweige an Apfel- und Birnbäumen drei- bis viermal Früchte getragen haben, sollte das älteste Blühholz etwa zur Hälfte entfernt werden. **Fruchtbögen (116: FB)** werden auf einen Oberseitentrieb (O) aufgeleitet, der sich dann durch Fruchtbehang wieder senkt (Pfeil). **Quirlholz (117: Q)**, also eine Ansammlung von Fruchtkuchen (FK), Fruchtspießen (FS) und Rin-

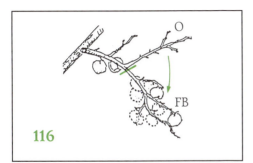

116 *Schnitt am Fruchtbogen*

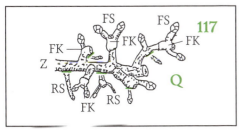

117 *Auslichten von Quirlholz*

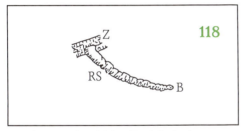

118 *Alter Ringelspieß (ohne Fruchtkuchen)*

Verjüngung bei gepflegten Bäumen

gelspießen (RS) auf engem Raum, ist immer wieder auszulichten. Abwärts weisende Teile mit kleinen Knospen (Blattknospen) werden entfernt. Dabei darf jedoch nie in einen Fruchtkuchen geschnitten werden (49, 50)! Wenn Quirlholz zu dicht steht, wird vorrangig das ältere entfernt und junges nach Möglichkeit geschont. Junge **Ringelspieße** können sich noch zu gutem Fruchtholz entwickeln. Ältere jedoch, die nach 6 Jahren noch nicht zum Fruchten gekommen sind (bei denen dann der Fruchtkuchen fehlt), erhalten keine Gnadenfrist mehr (118). An der Spitze des Ringelspießes (RS) bildet sich nur noch eine Blattknospe (B). Für sie wird es immer schwerer, eine 5-Blätter-Knospe als Blütenknospe hervorzubringen. Durch die verschiedenen Maßnahmen des Ertragsschnittes sorgt man für die Erhaltung des physiologischen Gleichgewichts. Dies ist bei jährlicher Überwachung am besten gewährleistet. Der Erhaltungsschnitt wird etwa 5 bis 6 Jahre lang durchgeführt. Danach, das heißt, sobald basisnah Fruchtholz abstirbt und Äste aufkahlen, ist eine leichte Verjüngung angebracht.

Verjüngungsschnitt bei gepflegten Bäumen

Wenn Äste basisnah aufkahlen, reicht der Ertragsschnitt nicht mehr. Eine leichte Verjüngung ist nun notwendig. Sie beginnt nach 10 bis 12 Standjahren und ist in den folgenden 5 bis 10 Jahren zu wiederholen. Stärkere Schnitteingriffe nimmt man grundsätzlich nach einer geringen Ernte vor. Der günstigste Zeitpunkt dafür liegt zwischen Mitte November und Februar bei trockenem, möglichst frostfreiem Wetter. Wurde bisher regelmäßig und sachgemäß geschnitten, dann bedarf das Astgerüst meist keiner größeren Auslichtung. Was zu tun ist, wenn beim Erziehungs- und beim Erhaltungsschnitt einiges versäumt wurde, erfahren Sie im Kapitel zum Auslichten ungepflegter Bäume.
Bei beginnender Vergreisung wird der Mittelast um 1/4, bei etwas fortgeschrittener Vergreisung bis zu 1/3 eingekürzt. Eine flachästige Krone (119) erhält einen neuen Kronenwinkel (KW) von 90–120°. Die Spitzen der Leitastverlängerungen

Der Schnitt der Kernobstbäume

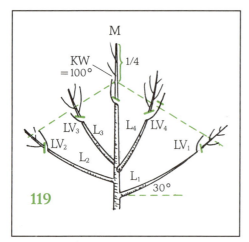

119 Verjüngung bei flachästiger Pyramidenkrone

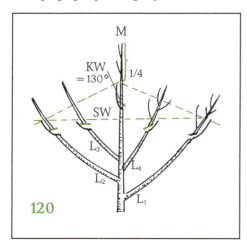

120 Verjüngung bei normaler Pyramidenkrone

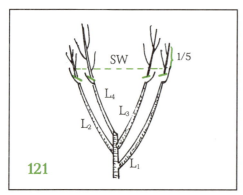

121 Verjüngung bei Hohlkrone

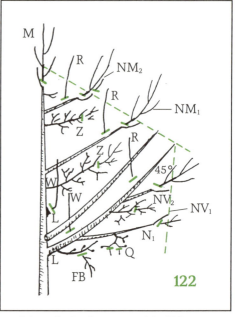

122 Schnitt der Fruchtzweige und der Nebenäste

(LV) sollten die Schenkel des Winkels gerade noch berühren. Auf Saftwaage können die Leitäste hier nicht gebracht werden.
Auch für Normal- bis Steilkronen (120) mit Mittelast gilt das genannte Maß des Rückschnittes, doch werden die Leitäste dann unter einem Kronenwinkel von 130–140° auf eine Schnittebene (SW) zurückgenommen, so daß sie in Saftwaage stehen. Bei Hohlkronen (121) geht man vom schwächsten Leitast aus, der um 1/5–1/4 zurückgenommen wird. Die anderen schneidet man auf gleiche Höhe (SW). Sehr wüchsige Äste (L_3, L_4) sollten etwas niedriger angeschnitten werden, um sie ein wenig zu bremsen.
Leitäste, die unter 40° zu einer gedachten Waagerechten stehen (119: L_1, L_2), sind aufzuleiten (LV_1, LV_2), höher stehende (L_3, L_4) dagegen leitet man ab (LV_3, LV_4). Nebenäste an Leitästen (122) dürfen den 45°-Winkel an der Leitastspitze nicht überragen. Bei flachem Verlauf (N_1) wird die Nebenastverlängerung (NV) aufgeleitet, bei steilerem Anstieg (NV_2) entsprechend abgeleitet. Fruchtzweige (Z) sollten etwa die halbe Länge der Nebenäste (N) behalten. Am Mittelast (M) dürfen Fruchtzweige und Nebenäste etwas länger werden. Endtriebe (NM_1, NM_2) sollten nur leicht ansteigen und den Kronenwinkel nicht überragen.

Das Auslichten der Restkrone hat dort Bedeutung, wo Zweige und Triebe zu dicht stehen und ins Kroneninnere hineinwachsen. Am Mittelast erfolgt der Wegschnitt auf Astring oder Asthalbring. Starke Schößlinge auf Leit- und Nebenästen werden mit Astring entfernt. Der Fruchtholzschnitt ist wie bisher weiterzuführen (vgl. Kapitel »Ertragsschnitt«, Abb. **116, 117**).

Schnittmaßnahmen und Formierungsarbeiten im Sommer

Bevor auf die Behandlung ungepflegter Bäume, auf Spezialfälle und Besonderheiten eingegangen wird, sollen hier zunächst alle Arbeiten, die man am günstigsten im Sommer durchführt, beschrieben werden. Sie gehören zu den regulären Pflegemaßnahmen bei sachgemäß erzogenen Kernobstbäumen. Darüber hinaus finden sich schon einige Hinweise zum Steinobst und Beerenobst.

Der Frühsommerschnitt

Möglichst schon Anfang Juni schneidet man **Stummel** an jüngeren Bäumen bis zu einem jungen Austrieb sauber weg. Aus **123** und **124** wird deutlich, wie man an Mittelästen *(M)* den Stummel *(St)* bis zur Mittelastverlängerung *(MV)* bzw. zu einem Seitentrieb *(S)* mit schrägem Schnitt beseitigt. Anschließend wird die Wunde sorgfältig

Arbeiten im Sommer

mit Wundverschlußmittel verstrichen. Sie verheilt dann noch im selben Jahr.

Wenn die Außenknospe an einem Leitast *(L)* eine Leitastverlängerung *(LV)* gebracht hat, muß der Stummel *(St)* entfernt werden **(125)**. Der Konkurrenztrieb *(K)* wird geduldet, wenn *LV* zügig wächst, sonst entspitzt man *K* und entfernt ihn im August.

Falls die vorgesehene Mittelastverlängerung nur schwach austreibt **(126**: MV_0**)**, sollte man einen tiefer stehenden, normal entwickelten Trieb *(S)* als neue Verlängerung hochbinden *(b)*. Der Stummel *(St)* kann 1 Jahr stehen bleiben; sein Absterben verhindert bis dahin ein Trieb, den man kurz hält.

Das **Waagerechtstellen** vorjähriger Langtriebe an Pflanzbäumen nimmt man besser Ende Mai vor als im März. Durch die Wahl des späteren Termins kann man zu starken Oberseitenwuchs einschränken.

Ältere Stummel oder Stümpfe (127: *St)* sind oft bis zur nächsttieferen Abzweigung stark eingetrocknet. Dies ist nach dem 1. Schnitt *(1.)* deutlich am gebräunten Holzkörper zu erkennen. Die vorgesehene Mittelastverlängerung *(MV_0)* ist demnach nicht zu verwenden. Erst der 2. Schnitt *(2.)* bringt wieder gesundes Holz zum Vorschein. Da ein linksseitiger Trieb benötigt wird, muß auf den dritten Austrieb von oben als neue Mittelastver-

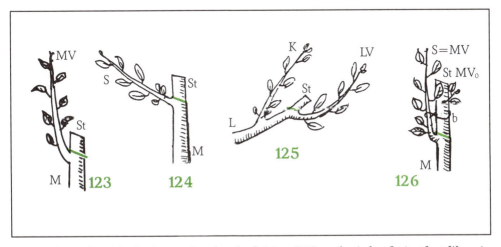

123–126 Stummel am Mittelast **(123, 124)** *und an den Leitästen* **(125)** *werden Anfang Juni entfernt. Wenn ein Seitentrieb die Mittelastverlängerung übernehmen soll, bleibt der Stummel ein Jahr stehen und dient dann zum Anbinden dieses Seitentriebes* **(126)**

Der Schnitt der Kernobstbäume

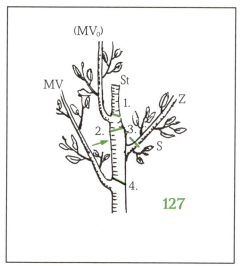

127 Wenn Stummel längere Zeit stehenbleiben, muß man oft den Verlust mehrerer Triebe in Kauf nehmen

128 Ein Sommerriß zur Beseitigung von Wasserschossen sollte nicht vor Ende Juni durchgeführt werden

längerung (MV) ausgewichen werden. Zum Aufbinden (Pfeil) bietet sich der Stumpf (St) an. Damit er nicht zu schnell abstirbt, wird der rechte Seitenzweig (Z) belassen und auf den untersten Seitentrieb (3.) zurückgenommen. Dieser sorgt dann dafür, daß der Stumpf mindestens 1 Jahr am Leben bleibt und erst später, beim 4. Schnitt (4.), entfernt werden muß.

Sommerriß (128): Junge Wasserschosse auf einem Leitast (L), die sich nicht als Fruchtholz eignen, können schon Ende Juni entfernt werden. Der noch krautige, aber basisnah schon verholzte Schößling (W) wird in Richtung Mittelast (M; Pfeil) ausgerissen, weshalb man vom Sommerriß spricht. Die Wunde verheilt noch im selben Sommer. Auch beim Steinobst müssen solche Wasserschosse entfernt werden, allerdings nicht durch Reißen – hier muß man einen sauberen Schnitt mit der Schere durchführen.

Wasserschosse an aufgekahlten Ästen, die sich als Fruchtholz eignen, bleiben jetzt unangetastet. Mitte Juli kann man sie waagerecht binden oder, wenn es zu eng wird, auf Blattrosette bzw. auf 2 bis 3 große Blätter (Stummel) darüber schneiden.

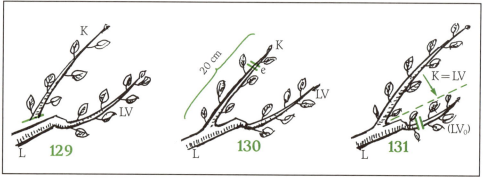

129 Im Normalfall sind Konkurrenztriebe auf der Astoberseite mit Astring zu entfernen

130 Bei frisch gepflanzten Bäumen beschränkt man sich auf das Entspitzen 20 cm langer Triebe

131 Schwach wachsende Verlängerungstriebe werden durch einen geeigneten Konkurrenztrieb ersetzt

Konkurrenztriebe *(K)*, die die Leitastverlängerung *(LV)* in ihrer Entwicklung stark hemmen **(129)**, werden ab Mitte Juni mit Astring entfernt. Bei frisch gepflanzten Obstbäumen ist es besser, störende Konkurrenztriebe lediglich bei 20 cm Länge zu entspitzen **(130: *e)*,** um sie etwa einen Monat im Wuchs zu stoppen. Beim Entspitzen oder Pinzieren, wie es in der Fachsprache genannt wird, kneift man den Vegetationskegel aus, schneidet verholzte Teile zurück oder bricht sie über eine Messerklinge und läßt sie dann bis zum Vertrocknen hängen. Wo allerdings der Verlängerungstrieb *(LV)* Kümmerwuchs zeigt **(131)**, lohnt es nicht, ihn zu erhalten. Man weicht dann auf einen geeigneten Konkurrenztrieb aus und bindet diesen an den eingekürzten Trieb (in Richtung der unterbrochenen Linie) mit breitem Band an.

Ein zu früh, also im Juni durchgeführter Sommerschnitt kann die Blütenknospenbildung einschränken. Deshalb sollte frühzeitiges Entspitzen von Trieben auf Ausnahmen beschränkt bleiben.

Auch **Wurzelschößlinge (132: *WS)*** werden im Sommer beseitigt. Man legt dazu die Basis frei und reißt die Schößlinge aus oder schneidet sie mit Astring weg. Nach dem Verschließen der Wunde füllt man die Erde wieder auf.

Johannis- und Stachelbeersträucher treiben mitunter viele **Bodenschößlinge,** die sich gegenseitig behindern. Hiervon sollte schon früh im Juni der größte Teil entfernt werden, vor allem die schwächsten werden weggenommen. Man läßt aber noch einige mehr stehen, als man später beim Auslichten und zum Verjüngen braucht.

Arbeiten im Sommer

Der Sommerschnitt

Alle Obstarten und Baumformen können bereits im Sommer formiert und teils geschnitten werden. Bei mittelstark bis sehr stark wachsenden Bäumen ist der Sommerschnitt der Behandlung im Winter vorzuziehen, da er das Wachstum einschränkt und den Blütenknospenansatz begünstigt, während sich der Schnitt in der Ruhezeit wachstumsfördernd auswirkt.

Schnittzeitpunkt: Schnittarbeiten im Sommer können zwischen Ende Juli und Mitte September durchgeführt werden. Je früher man schneidet, desto schwächer wird der nächstjährige Austrieb. Bei sehr wüchsigen Bäumen wie Süßkirsche und Walnuß erfolgt der Schnitt deshalb möglichst Ende Juli, bei schwächer wachsenden erst im August/September.

Mit dem **Aufbauschnitt** beginnt man schon im Sommer. Im 1. Vegetationsjahr wird jedoch nur

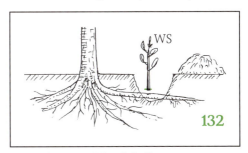

132 *Entfernen von Wurzelschößlingen*

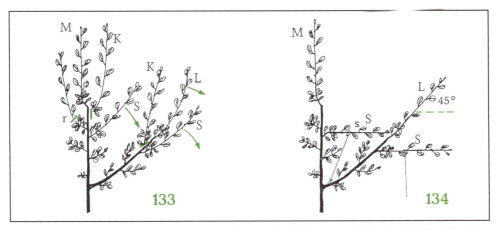

133, 134 *Ab dem 2. Aufbauschnitt entfernt man im Sommer die Konkurrenztriebe* **(133)** *und stellt steil wachsende Seitentriebe waagerecht* **(134)**

Der Schnitt der Kernobstbäume

formiert und gebunden (**133, 134**: Pfeile bzw. Bindeschnüre). Im 2. Jahr können bereits die Konkurrenz- und Reitertriebe *(K, R)* weggeschnitten werden, sobald im Juli die Kurztriebe mit einer Endknospe abgeschlossen haben. Am Mittelast schneidet man auf Astring oder Asthalbring, Triebe auf Leit- und Nebenästen mit Astring.

Vermeidung von Kahlstellen: Um Aufkahlungen an der Astbasis oder am Mittelast (**133**) zu verhindern, kann man einzelne Langtriebe (Wasserschosse) auf die (untere) Blattrosette oder auf einen etwas längeren »Stummel« schneiden *(r)*, das heißt auf 2 bis 3 große Blätter über der Rosette. Das geschieht am besten Ende Juli. Hier entwickelt sich dann in der Regel kurzes Fruchtholz. Dieser Schnitt auf Rosette ist nur beim Kernobst von Bedeutung.

Klammern von Trieben: Steiltriebe kann man binden (**134**) oder auch klammern (**135–140**). Solche Klammern oder Zweigkrümmer lassen sich leicht aus Spanndraht herstellen. Man biegt dazu die Enden seitlich ab, und zwar so, daß sie von oben gesehen 90° zueinander versetzt sind (**135**). Eine andere Möglichkeit zeigt **136**: Hier sind die Enden seitlich nach rechts und nach links gebogen, stehen also von oben gesehen in einer

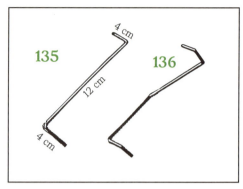

135, 136 *Klammern oder Zweigkrümmer kann man aus Spanndraht selbst herstellen*

Linie. Alle drei Glieder haben in der Mitte einen kleinen Knick. Die Klammer wird von unten an die Triebbasis geführt (**137**), dann legt man den Haken über den Trieb (**138**), biegt diesen quer über das lange Glied (**139**) und steckt die Spitze unter den rechten Haken. Die andere Klammer (**135**) läßt sich in gleicher Weise anlegen (**140**).

Zum **Formieren** wird aufgebunden oder abgespreizt. Bei Pyramidenkronen (**133**) sind die diesjährigen Astverlängerungen in eine günstige Richtung zu bringen, möglichst auf 45° zur Waagerechten. Spindelbüsche (**141**) haben das Formieren oft noch nötiger. Auch etwas ältere Fruchtzweige *(Z$_u$)*, die noch geschmeidig sind, lassen

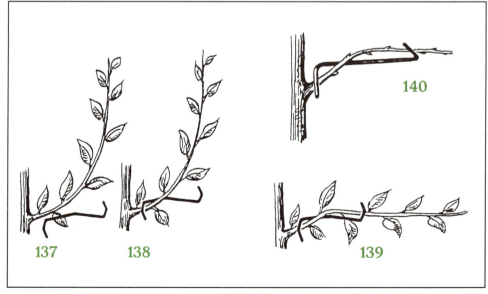

137–140 *So werden Klammern gesetzt*

sich aufbinden, wofür man Bänder mit breiter Auflage verwendet **(143).** Zum Abspreizen steiler Triebe und Zweige dienen Spreizhölzer **(142).** Wie man diese Hilfsmittel zweckmäßig einsetzt, veranschaulicht Abb. **144.** Für die Fruchtzweige von Spindelbüschen ist ein Anstiegswinkel von 30° günstig.

Fruchttragende Bäume mit zu vielen starken Schößlingen sollten Mitte August ausgelichtet werden. Einzelne Schößlinge kann man auch auf Rosette oder Stummel (vgl. Frühsommerschnitt) zurückschneiden, um Kahlstellen zu vermeiden. In lichten Kronen entwickelt sich das Fruchtholz besser, und die Früchte bilden sich gut aus. Beim Vereinzeln der Triebe muß man jedoch auch den Fruchtbehang berücksichtigen. Wenn viele Früchte angesetzt sind, werden zu ihrer Ernährung auch viele Blätter benötigt, so daß man nur mäßig auslichtet, vorzugsweise an der Peripherie. Dagegen kann ein Baum, der nur geringen Fruchtansatz zeigt, mehr Triebe entbehren; in diesem Fall führt ein Zuviel an Blättern dazu, daß die Früchte zwar groß werden, dann aber wenig haltbar sind. Bei Äpfeln kann so auch eine Qualitätsminderung durch Stippigkeit auftreten (vgl. auch »Nachbehandlung im Sommer«, Seite 72).

Abgeerntete Bäume können bis Mitte September ausgelichtet, im Falle von Steinobst auch verjüngt werden. Nach einer geringen Ernte wird ein stärkerer Schnitt ins mehrjährige Holz besser vertragen als nach hohen Erträgen. Da der Winterschnitt den Holztrieb stärker anregt als der Sommerschnitt, sollte man bei sehr wüchsigen Bäumen letzteren bevorzugt anwenden.

Wundbehandlung bei Sommerschnitt: Da die Infektionsgefahr im Sommer groß ist, sind Wunden am zwei- und mehrjährigen Holz sorgfältig zu bedecken.

Beerenobst: Bei der Himbeere sollte man die abgeernteten Ruten sofort am Boden entfernen, um der gefürchteten Rutenkrankheit vorzubeugen. Johannis- und Jostabeere können im Laufe des August/September ausgelichtet werden. Die Geiztriebe der Kletterbrombeere kürzt man spätestens Anfang August, noch vor Erntebeginn, ein.

Das Auslichten ungepflegter Baumkronen

Von dem Ast- und Zweiggewirr zu dichter Kronen, wie man sie in vielen Gärten antrifft, ist wenig Qualitätsobst zu erwarten. Licht und Luft müssen von allen Seiten ungehindert Zutritt ins Kroneninnere haben. Deshalb ist kräftiges Aus-

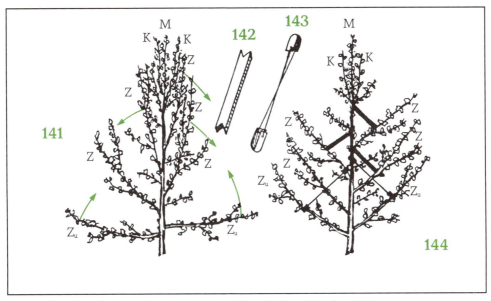

141–144 *Formieren eines Spindelbusches mit Spreizhölzern* **(142)** *und Bändern* **(143)**

Der Schnitt der Kernobstbäume

lichten notwendig. Da die Ernte vorher schon gering war, hat dies keinen Ertragsausfall zur Folge; darüber hinaus bringt der nächste Fruchtbehang bereits bessere Qualität. Ältere Kernobstbäume sollten zwischen Mitte November und Mitte März ausgelichtet werden, sehr wüchsige Bäume erst kurz vor der Blüte, um die Triebkraft zu hemmen. Steinobst kommt im Sommer oder im Nachwinter an die Reihe. Fehlerhaft aufgebaute Obstbaumkronen erfordern viel Überlegung vor den ersten Schnittarbeiten.

Um grobe Fehler zu vermeiden, sollte man von Anfang an die Idealkrone vor Augen haben, wie sie in **145–148** jeweils für Buschbäume sowie Halb- und Hochstämme gezeigt wird. Der besseren Übersicht wegen wurde das Blüh- oder Fruchtholz, das zu allen Ästen gehört, hier weggelassen.

Buschbaumkrone (145, 146): mittelstark wachsend; besteht aus 1 Mittelast *(M)*, 3 bis 5 Leitästen *(L)* mit mindestens je 2 Nebenästen *(N)*. Die Leitäste steigen um etwa 50° von der Waagerechten an, die Nebenäste, die hier nur an Leitästen stehen, von unten nach oben um 30–20°.

Halb- und Hochstammkrone (147): stark bis sehr stark wachsend; breit und ausladend für optimalen Lichteinfall; besteht aus 1 Mittelast *(M)* mit 3 bis 4 Nebenästen *(NM)* und 3 bis 4 Leitästen *(L)*, von denen je 3 Nebenäste *(N)* abgehen. (Die Leitäste sind räumlich, die Nebenäste flächig dargestellt.) Die Leitäste steigen nur um 40° an, die Nebenäste von unten nach oben um 25–15°. Nebenäste am Mittelast *(NM)* dürfen den Kronenwinkel nicht überragen.

Erste Überlegungen: Zunächst betrachtet man die Krone von allen Seiten, sowohl mit nötigem Abstand als auch aus der Nähe. Dabei stellt man sich das Astgerüst einer Idealkrone vor und überträgt es auf den ungepflegten Baum. Aus dem Ast-Zweig-Gewirr versucht man, den Mittelast und die Leit- und Nebenäste herauszufinden, die dem idealen Astgerüst am nächsten kommen, die der Baum also behalten soll. Eine fehlerhafte Krone auf eine Idealkrone umzustellen, ist jedoch keine leichte Arbeit. Manchmal braucht man die Hilfe einer zweiten, erfahrenen Person, die vom Boden aus den Überblick behält und die Schnittmaßnahmen leitet. Wichtige Anhaltspunkte für das Auslichten des Astgerüstes vermittelt Abb. **149**. Diese ältere Buschbaumkrone hat abgesenkte, flach verlaufende Leitäste *(L)* und weist eine Überbauung durch Steiläste *(S)* auf.

Auslichten des Astgerüstes (149; vgl. auch S. 62): Zuallererst sind sogenannte abgängige Äste *(A)*, die unbrauchbar geworden sind, sowie stark beschädigte, kranke oder abgestorbene Teile bis ins gesunde Holz wegzusägen. Es folgen Überlagerungsäste *(Ü)*, die den nahe darunter befindlichen Ästen das Licht vorenthalten. Ob man den

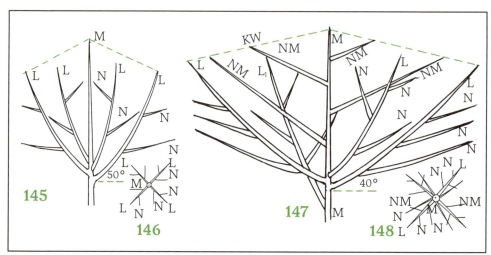

145, 146 *Idealkrone für Buschbäume;* 146 *zeigt die Anordnung von Leit- und Nebenästen in Draufsicht*

147, 148 *Idealkrone für Halb- und Hochstämme;* 148 *zeigt die Anordnung der Äste in Draufsicht*

oberen oder den unteren herausnimmt, ist von Fall zu Fall zu entscheiden. Soll die Krone nicht höher werden, bleibt der bisher benachteiligte Ast *(L₁)* erhalten, der sich dann bald zu einem kräftigen Leitast entwickelt. Bei Teilüberlagerung **(150)** genügt es, den darüberliegenden Astabschnitt (schwarz gezeichnet) zu entfernen. Es gibt dann nur eine kleinere Wunde, und man erhält sich au-

Auslichten ungepflegter Baumkronen

ßerdem einen Nebenast *(N₅)*. Schließlich trennt man sich von hinderlichen, sich kreuzenden oder benachteiligten Ästen. Man kann sie auch durch Einkürzen zu Nebenästen **(150: N₅)** oder Fruchtzweigen machen.

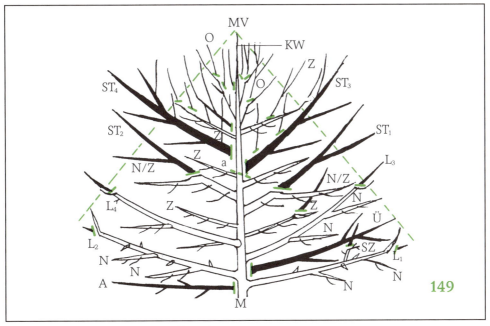

149 *Auslichten einer ungepflegten Buschbaumkrone*

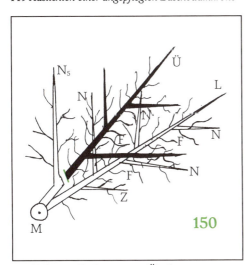

150 *Teilweises Entfernen eines Überlagerungsastes; ein Nebenast bleibt erhalten*

Im oberen Kronenteil **(149)** haben sich Steiläste *(ST₁–ST₄)* entwickelt, die dicker und länger sind als die unteren Leitäste *(L₁–L₄)* und deshalb entfernt werden sollten. Es braucht nicht alles im selben Jahr zu geschehen. Zunächst müssen jedoch wenigstens die beiden obersten Äste *(ST₃, ST₄)* stückweise abgesägt und abgeworfen werden. Die etwas tiefer stehenden *(ST₁, ST₂)* duldet man noch, kürzt sie aber stark ein und leitet sie auf je einen flachgerichteten Seitentrieb ab, der zum Nebenast *(N)* oder Fruchtzweig *(Z)* wird. Da das Holz an der Basis ziemlich stark ist, sollte man auch hier spätestens nach 2 Jahren auslichten.

Länge der Leitäste (149, 151): Bei abgesenkten Ästen **(149)** erfolgt eine Anpassung an den Kronenwinkel *(KW)*. Die unteren Leitäste *(L₁, L₂)* hält man etwas länger als die oberen *(L₃, L₄)*. Der Endtrieb sollte schräg aufwärts gerichtet sein.

Apfelbuschbaum

8 Jahre, mißglückter Kronenaufbau. Viele senkrecht stehende Schößlinge machen die Krone zu dicht. Deshalb muß im Rahmen eines Ertragsschnittes ausgelichtet werden.

Ertragsschnitt: Vor allem kam es darauf an, die Astenden freizustellen und die Endtriebe des Mittelastes, der Leit- und der Nebenäste nicht anzuschneiden. Fruchtholz im unteren Kronenbereich wurde ausgelichtet.

a

Apfelmeterstamm

20 Jahre. Zunehmender Steilwuchs hat in den letzten Jahren die untersten Leitäste unterdrückt. Sie weisen deshalb nur geringe Stärke auf und können sich nicht mehr erholen.

Auslichtungs- und Ertragsschnitt: Störende Astteile und Zweige wurden weggeschnitten, starke Verzweigungen an den Astenden beseitigt. Die Krone macht zwar noch einen etwas dichten Eindruck, der Gartenbesitzer wollte jedoch nicht mehr wegnehmen lassen.

b

Auslichten ungepflegter Baumkronen

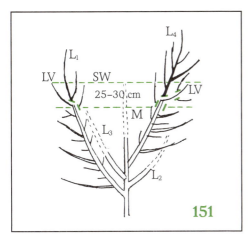

151 *Der schwächste Leitast bestimmt die Höhe der Saftwaage (der Mittelast und 2 der Leitäste sind nur angedeutet)*

Stehen Leitäste verhältnismäßig steil (151), wird auf Saftwaage geschnitten. Dabei richtet man sich nach dem schwächsten Leitast *(L₁)*, dessen Endtrieb man erhalten kann oder auch auf einen nach außen gerichteten Seitentrieb ableitet *(LV)*. Dieser Ableitungsschnitt ist angebracht, wenn die Leitastverlängerung nach innen strebt oder der Schnitt verjüngend wirken soll. Die übrigen Leitäste werden auf gleiche Höhe *(SW)* zurückgenommen (vgl. *L₄*). Die letzten 25–30 cm der Leitäste sind von Verzweigungen freizuschneiden. Dies alles wird nicht immer in einem Jahr durchgeführt werden können, ist aber für die nächsten Jahre als Ziel im Auge zu behalten.

Auswahl der Nebenäste: Bevor jeder Leitast ausgeglichen wird, bestimmt man die Nebenäste (152: *N*), und zwar bei Buschbäumen 2, bei Halbstämmen 3, bei Hochstämmen bis 4 je Leitast. Nebenäste setzen seitlich tief an, sind etwas nach außen gerichtet und werden abwechselnd nach links und nach rechts angeordnet (146). Sie steigen, auf die Waagerechte bezogen, von unten nach oben um 30–15° an und werden von der Basis des Leitastes zur Spitze hin kürzer. Die Länge ergibt sich durch die Schenkel eines 45°-Winkels an der Leitastspitze. Nun werden jedoch nicht die Nebenastverlängerungen angeschnitten; man behilft sich vielmehr mit Aufleiten (152: *N₁, N₂*) oder Ableiten *(N₃, N₄)*, wie wir es schon von den Leitästen kennen. Auch das Auslichten der Nebenäste erfolgt wie bei den Leitästen.

Auslichten der Äste (152): Jeder Leit- und Nebenast wird durchgesehen und ausgeglichen. Rechtshänder arbeiten zweckmäßigerweise von rechts nach links (Pfeil), Linkshänder von der anderen Seite der Basis aus. Zuerst geht es um das *Oberseitenholz (O)*. Zur Astspitze hin duldet man es weniger als in der Nähe des Mittelastes. Basisnah steht in unserem Beispiel ein Wasserschoß *(W₁)*. Da hier der Ast kein Seiten- oder Fruchtholz trägt, wird der Schößling auf 4 kräftige Knospen eingekürzt, damit er Fruchtholz bringt, wie es am Ständerzweig *(SZ₁)* daneben zu sehen ist. Dieser wird auf 2 bis 3 Fruchtzweiglein zurückgenommen. Die folgenden starken Oberseitenhölzer *(O)* werden mit Astring entfernt, lediglich schwaches Fruchtholz kann stehen bleiben. Auf einem stark abgesenkten Leitast (149: *L₁*) werden Ständerzweige *(SZ)* mit breitem Astring nicht ganz entfernt, sondern auf eine Abzweigung geschnitten; denn in größeren waagerecht liegenden Wunden bleibt Regenwasser zu lange stehen, was zu Schäden führen kann.

Schwaches, zurückgebliebenes Fruchtholz an der *Astunterseite* (152), wie die 3 abgeschnittenen Fruchtquirle *(U)*, hat für den Ertrag keine Bedeutung mehr, da es völlig im Schatten steht.

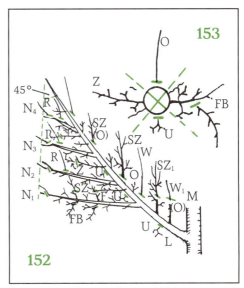

152, 153 *Auslichten von Leit- und Nebenästen;* 153 *veranschaulicht die Leitastseiten*

Der Schnitt der Kernobstbäume

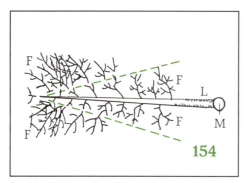

154 *Fruchtholz muß zur Spitze hin kürzer gehalten werden als zur Basis (Draufsicht)*

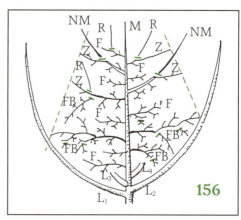

156 *Behandlung von Fruchtholz am Mittelast eines Buschbaumes*

Seitenfruchtholz (152: *F*) wird weitgehend geschont. Fruchtzweige *(Z)* sind auf etwa die halbe Länge der Nebenäste *(N)* zurückzuschneiden. Fruchtbögen *(FB,* s. N_1*)* kürzt man bis auf eine höher stehende Abzweigung ein. Leit- und Nebenäste werden nach gleichen Regeln geschnitten. Der Querschnitt durch einen Leit- oder Nebenast (153) veranschaulicht die vier Astseiten. Oben *(O)* sollte man starkes Holz in der Regel nicht dulden, unten *(U)* wird schwaches entfernt. Seitlich ist der beste Platz für das Fruchtholz, also für Fruchtzweige *(Z),* Fruchtbögen *(FB)* sowie kleineres Fruchtholz. Auch bei den Verzweigungen an den Ästen ist die Rangordnung zu beachten (154): Diese Draufsicht zeigt einen Leitast, der zur Spitze hin längeres Fruchtholz *(F)* besitzt als zur Basis *(M).* Umgekehrt wäre es richtig. Die unterbrochene Linie zeigt an, wie zu schneiden ist.

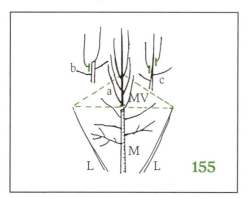

155 *Ein zu hoher Mittelast wird auf einen tiefer stehenden Seitentrieb zurückgenommen*

Auslichten des Mittelastes (149, 155): Der Mittelast *(M)* soll die Leitäste *(L)* nur wenig überragen, um den Höhenwuchs einzuschränken. Einen zu hohen Mittelast kann man ohne Bedenken bis zu einem tiefer stehenden Zweig oder Seitentrieb durch schrägen Schnitt zurücknehmen (155: *a*). Dieser Trieb stellt dann die führende Mittelastverlängerung *(MV)* dar. Konkurrierende Senkrechttriebe sind zu entfernen (vgl. *b* und *c*).

Fruchtholz am Mittelast (156): Am Mittelast *(M)* sollte sich beim Buschbaum oberhalb der Leitäste (L_1–L_4) nur flach gerichtetes Fruchtholz befinden, also Fruchtzweige *(Z),* Fruchtbögen *(FB)* und dazwischen kürzeres Fruchtholz *(F).* Wüchsige Halb- und Hochstämme dürfen 3 bis 4 Nebenäste am Mittelast haben. Bei mittelstark wachsenden Buschbäumen muß auf Nebenäste *(NM)* verzichtet werden. Hier wurden 2 Nebenäste auf Seitentriebe abgeleitet und als Fruchtzweige *(Z)* vorgesehen (s. auch **149**).

In der oberen Hälfte bilden sich auf den Fruchtzweigen *(Z)* meist zu starke Reitertriebe *(R),* die man möglichst entfernt. Ansonsten sind Oberseitentriebe auf Fruchtzweigen willkommene Verjüngungstriebe. Hängende Teile werden bis zu einem Oberseitentrieb weggeschnitten (s. Schnittstriche), was zur Verjüngung des Fruchtholzes beiträgt.

Unten läßt man das Fruchtholz möglichst länger als oben, wie es durch die zwei unterbrochenen Linien markiert ist. Aus den Schnittstrichen wird ersichtlich, daß unten eher hängende Teile, oben vor allem Steiltriebe zu entfernen sind. In engen Kronen ist es oft günstiger, auf den Mittelast *(M)* teilweise **(157)** oder ganz **(158)** zu verzichten. Entweder macht man den Schnitt unterhalb der oberen (stärkeren) Äste **(157: *a*)** und erhält dann eine kombinierte Krone, oder man entfernt *M* dicht über den Leitästen, wodurch eine Hohlkrone entsteht **(158: *b*)**. Die Besonnung des Kroneninneren und damit auch die Fruchtqualität wird durch diese Maßnahme wesentlich verbessert.

Bäume mit mehreren Mittelästen: Obstbäume mit 2 oder mehr Mittelästen verbrauchen durch Steilwuchs und die Dicke der Äste im oberen Bereich zu viele Nährstoffe, die dann unten fehlen. Außerdem ist zwischen den Mittelästen die Verzweigung sehr schlecht. Ein Beispiel zeigt **159**. Der rechte Gabelast *(M$_2$)* wird bei *a* entfernt, der linke *(M$_1$)* bei *b* eingekürzt, möglichst auf einen Trieb, der nach innen zur Mittelachse weist *(M$_x$)*, so daß die geringe Abweichung des Astes nach links später kaum stört.

Durch das Einkürzen des langen Seitenholzes links soll ausgeglichenes Triebwachstum erreicht werden. Die rechte Seite ist zwar ziemlich kahl, doch da es sich um eine Innen- und Oberseite handelt, wird es hier bald zu stärkerem Bewuchs kommen. Deshalb wurde links auch nicht zu kurz geschnitten. Da die Krone niedriger geworden ist, sind auch tiefer stehende, stärkere Äste und Zweige *(S)* noch abzuleiten, um der Gefahr verstärkten Steilwuchses vorzubeugen.

Befindet sich die Vergabelung weiter oben, kann es günstig sein, bei *c* zu schneiden, also *M$_1$* stärker zurückzunehmen. Man erhält dann eine kombinierte Krone. Je dicker die Gabeläste sind und je tiefer die Gabel steht, desto schwieriger wird die Korrektur; denn an der Gabelbasis entsteht eine große Wunde, die nur sehr langsam verheilt. Kommt es hier zu Fäulnis, so ist die obere Krone gefährdet. Wenn der zu entfernende Gabelast *(M$_2$)* recht dick ist, sollte er deshalb höchstens um 2/3 zurückgeschnitten werden.

Sinnvolle Korrekturen bei Bäumen mit mehreren Mittelästen wirken auf die gesamte Krone verjüngend. Im unteren Bereich kann es dann wieder zu Neuaustrieb kommen, der gerade hier oft dringend gebraucht wird. Oben dagegen entwickeln sich meist zuviele Triebe, von denen besonders die Reitertriebe regelmäßig entfernt werden müssen.

Auslichten ungepflegter Baumkronen

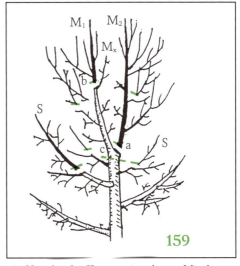

159 Vorgehen bei Kronen mit mehreren Mittelästen

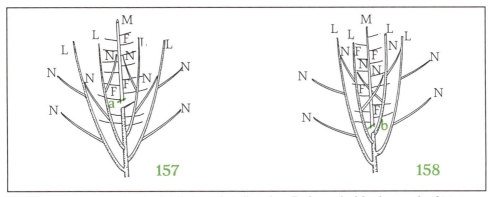

157, 158 Enge Kronen werden durch teilweises oder vollständiges Entfernen des Mittelastes zu kombinierten Kronen **(157)** *oder zu Hohlkronen* **(158)**

Der Schnitt der Kernobstbäume

Die Verjüngung ungeschnittener Kronen

Vergreiste, unproduktiv gewordene Obstbäume sieht man leider in vielen Gärten. Wenn die Bildung von Langtrieben im Spitzenbereich aufgehört hat (160), spricht man von sehr starker Vergreisung. Tritt man näher an den Baum heran, stellt man an den Leitästen *(L)* zur Kronenbasis hin meterlange Kahlstellen *(Ka)* fest (161). Die fruchttragenden Teile haben sich in den oberen Kronenbereich verlagert (160: *F)*, die Höhe der Erträge wechselt stark. Viele Früchte bleiben klein und lassen in Aussehen und Geschmack zu wünschen übrig (Schattenfrüchte). Damit sollte sich niemand zufriedengeben. Solche Kronen sind an der Peripherie meist zu dicht (160), wodurch die Vergreisung beschleunigt und die Fruchtqualität gemindert wird. (Vgl. auch S. 68, Abb. **a**.)

Eine Verjüngung ist durch mehr oder weniger starken Rückschnitt der Krone möglich, sofern Stamm und Äste gesund sind. Wenn man jedoch alte, morsche Schnittstellen oder ausgedehnte Rindenschäden vorfindet, lohnt sich die Mühe des Verjüngungsschnittes nicht mehr. Stellt man gar Bohrlöcher von Holzschädlingen oder Pilzbefall (Konsolpilze) am Stamm fest, dann handelt es sich erst recht um eine Baumruine. In beiden Fällen muß der Baum sofort gerodet, zerkleinert und alsbald verbrannt werden, einschließlich der dickeren Wurzeln.

Bei sehr starker Vergreisung ist es ratsam, erst einmal die **Wuchskraft** zu testen. Wenn längere Jungtriebe fehlen (160), dann sollte man versuchen, durch Auslichten wenigstens eines Leitastes, wie es in **160** gezeigt wird, durch Düngung im Spätherbst und Frühjahr sowie durch ausreichende Bewässerung in Trockenzeiten die Triebkraft des Baumveteranen anzuregen. Bringt der Baum trotzdem nur einzelne Schößlinge aus dem dicken Holz und sonst keinen nennenswerten Triebzuwachs, so lohnt sich eine systematische Verjüngung nicht mehr. Für die weitere Nutzung sollte nur noch im Spitzenbereich etwas ausgelichtet und altes Fruchtholz beseitigt werden.

Entwickelt der Baum dagegen im Spitzenbereich längere Triebe (163), dann darf man von ihm nach einem Verjüngungsschnitt noch gute Wuchsleistung und Qualitätsfrüchte erwarten.

Die Verjüngung alter Apfel- und Birnbäume nimmt man am besten im *Spätherbst* oder *Frühwinter* an trockenen, frostfreien Tagen vor. Je früher dies geschieht, desto stärker wird der Wuchs angeregt, was bei Vergreisung äußerst wichtig ist. Starker Schnitt sollte nur nach einer geringen Ernte erfolgen, es kommt dann zu keinem Ertragsausfall.

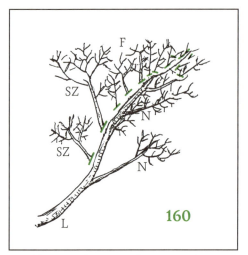

160 *Oberseitenschnitt an stark vergreistem Leitast*

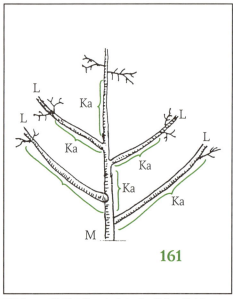

161 *Lange Kahlstellen sind ein deutliches Zeichen der Vergreisung*

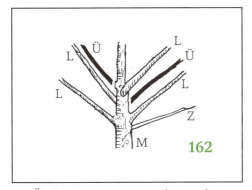

162 *Überlagerungsäste müssen entfernt werden*

Auslichten der Äste (162): Nach eingehender Besichtigung der Krone entscheidet man über das Auslichten des Astgerüstes. In erster Linie geht es um zu dicht stehende, überzählige Leitäste, vor allem um Überlagerungsäste *(Ü)*. Man entfernt diese ganz oder auch nur teilweise, falls sich der Rest als Nebenast oder Fruchtzweig eignet. Doch auch ein stark eingekürzter Ast, der noch als Fruchtzweig *(Z)* dienen kann, wird spätestens nach 2 Jahren ganz entfernt.

Bei Apfelbäumen mit enger Krone kann man auf den Mittelast gut verzichten, bei Birnbäumen dagegen nicht. Sie brauchen ihn zur Bildung ihrer zahlreichen Schößlinge, die man spätestens alle 2 bis 3 Jahre durch ein Tiefersetzen des Mittelastes leicht entfernen kann.

Der **Kronen- oder Abdachungswinkel** legt in der Regel die neuen Längen der Leitäste fest. Bei Hohlkronen (S. 54, Abb. **121**) allerdings muß ein solcher Winkel nicht berücksichtigt werden. Der Rückschnitt erfolgt hier auf Saftwaage *(SW)*, wobei man im Mittel 1/3–2/5 der Astlänge entfernt. Dies gilt auch für mehr oder weniger enge Pyramidenkronen mit Steilästen **(120)**. Die Größe des Abdachungswinkels *(KW)* wird lediglich durch die Mittelastlänge bestimmt: Je höher der Mittelast, desto kleiner der Kronenwinkel. Die Kronenhöhe selbst kann man nach Bedarf festlegen.

Bei Baumkronen mit stark gesenkten Leitästen **(119)** werden Mittelast (um 1/3) und Leitäste unter einem vorher festgelegten Kronenwinkel (90–100°) zurückgeschnitten. Wünscht man den Mittelteil der Krone niedriger, kann man einen Winkel von etwa 120° wählen. Das entspräche einem Rückschnitt auf die Hälfte der Länge, also einem starken Verjüngungsschnitt.

Praxis des Verjüngens (163, 164): Dieser Apfelhalbstamm zeigt aufgekahlte, abgesenkte Äste, aber noch einige Langtriebe im Spitzenbereich.

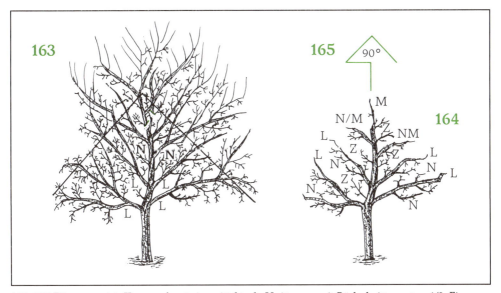

163–165 *Diese vergreiste Krone verlangt eine mittelstarke Verjüngung mit Rückschnitt um etwa 1/3. Ein Draht, den man sich im 90°-Winkel zurechtbiegt* **(165)**, *dient als Richtschnur. Die Krone nach den Maßnahmen des Verjüngungsschnittes zeigt* **164**

Apfelbuschbaum
Sorte 'Klarapfel'; Hohlkrone, 30 Jahre, mit Steilwuchs. Die Leitäste sind unten aufgekahlt (vergreist) und oben dicht verzweigt. Eine Verjüngung wird notwendig.

Verjüngungsschnitt: Alle Steiläste wurden im Mittel um 1/3 auf einen Außentrieb zurückgesetzt. Bei den Endtrieben wurde möglichst gleiche Höhe angestrebt. Nach innen wachsende, längere Zweige wurden mit Astring entfernt. Die Krone soll in den nächsten Jahren nicht höher werden, älteres Fruchtholz ist zugunsten jüngerer Triebe zu beseitigen.

a

Apfelbuschbaum
Sorte 'Klarapfel'; Steilkrone, etwa 15 Jahre. Nach stärkerem Rückschnitt wurde 2 Jahre nicht geschnitten, so konnten junge Triebe wuchern.

Nachbehandlung: Überzählige Jungtriebe wurden entfernt, oben am Mittelast wurde, wo es möglich war, auf eine untere Abzweigung geschnitten, die man nicht einkürzte. Im Spitzenbereich der Leitäste war darauf zu achten, daß die Verlängerungstriebe möglichst in gleicher Höhe enden. Reitertriebe und altes, schwaches Fruchtholz wurden weggeschnitten.

b

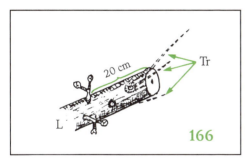

166 Astrückschnitt auf Stummel; die unterbrochenen Linien deuten den Neuaustrieb im darauffolgenden Jahr an

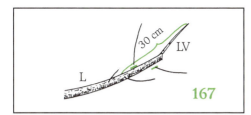

167 Ein flacher Leitast wird aufgeleitet

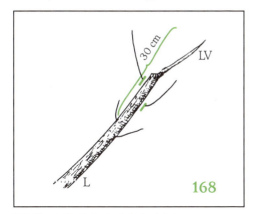

168 Ein steiler Leitast wird abgeleitet

Wenn ein solcher Baum gesund ist, gibt es nichts, das gegen eine Verjüngung spricht. Als Hilfsmittel biegt man sich den entsprechenden Winkel aus Draht **(165)** oder legt Daumen und Zeigefinger aneinander, wodurch ein Winkel von 90–100° entsteht. Eine zweite Person visiert den Baum damit vom Erdboden aus 5–10 m Entfernung sowie aus verschiedenen Richtungen an und hilft mit Anweisungen für den Rückschnitt des jeweiligen Astes. Der Winkel wird am Mittelast so tief angelegt, daß er die untersten Astspitzen berührt oder etwas kreuzt **(163)**.

Die Verjüngung ungeschnittener Kronen

Das drei- bis achtjährige Holz wird möglichst nicht auf Stummel eingekürzt **(166)**, wenn das auch vom Kernobst vertragen wird, sondern auf einen jungen Trieb oder Zweig als Verlängerung *(LV)* zurückgenommen. Bei abgesenkten Ästen im unteren Bereich wird aufgeleitet **(167)**, bei obenstehenden, steileren abgeleitet **(168)**, um so das Wachstum zu fördern bzw. zu bremsen. Dabei wird immer etwas schräg geschnitten, auch bei Stummelschnitt **(166)**. Den Spitzentrieb befreit man bis zu einer Länge von 30–40 cm von Verzweigungen, bei Stummelschnitt **(166)** genügen 20 cm. Damit hier die Triebe *(Tr)* in die gewünschte Richtung wachsen, sollten die Verzweigungen auf Asthalbring (dessen höhere Seite dann in Richtung Astspitze zeigt) geschnitten werden.

Die **Verjüngung eines vergreisten Birnenhalbstamms (169)** soll hier als Sonderfall vorgestellt werden. Das Besondere sind die überhängenden Leitäste. Im Gipfel *(G)* (der bei der Verjüngung allerdings entfernt werden muß) zeigt der Baum noch genügend Jungtriebe. Der angestrebte Kronenwinkel *(KW)* beträgt 90°.

Auf den Astbögen *(L)* haben sich mehrere Ständerzweige gebildet. Die äußeren werden durch

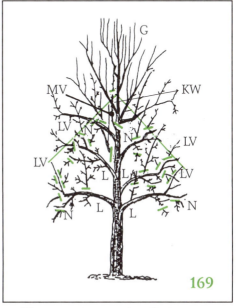

169 Verjüngung eines vergreisten Birnbaumes

Der Schnitt der Kernobstbäume

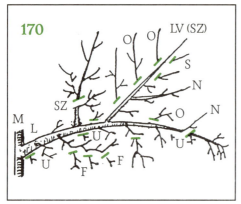

170 *Schnittmaßnahmen an einem überhängenden Leitast*

Aufleitung zu Leitastverlängerungen *(LV)* bestimmt, um Wuchs und Verzweigung zu fördern. Die Ständer zur Basis hin entfernt man (mit Astring) nur dann, wenn die Wunde nicht zu groß wird und nicht waagerecht zu liegen kommt. Sonst ist es besser, auf die unterste Abzweigung zu schneiden.

An dem Ast in Beispiel **170** werden die notwendigen Maßnahmen gezeigt: Der äußerste Ständerzweig *(SZ)* wird aufgeleitet und bildet nun die Leitastverlängerung *(LV)*. Verzweigungen auf der Innenseite *(O)* und im Bereich von 30 cm an der Spitze sind zu entfernen. Ein Teil des überhängenden Leitastes bleibt stehen und wird Nebenast *(N)*, da von diesen zu wenige vorhanden sind. Das vergreiste Fruchtholz *(F)* wird gekürzt, Unterseitenholz *(U)* entfernt. Nach diesem Muster können Leit- und Nebenäste behandelt werden. Weitere Anhaltspunkte bietet Beispiel **152** (s.S. 63).

Oberseitenfruchtholz: Wo sich das Fruchtholz nur noch auf der Astoberseite befindet, weil seitlich alles abgestorben ist, wird das Oberseitenholz nicht entfernt, sondern nur ausgeglichen und gekürzt. Auch hier gilt die genannte Rangordnung: Zur Astbasis schwach, zur Spitze hin stark kürzen, so daß das Oberseitenfruchtholz an der Basis länger und breiter gehalten werden kann als an der Astspitze (vgl. **154**).

Die Nachbehandlung stark geschnittener Bäume

Starker Schnitt regt das Wachstum stark an. So ist es nicht verwunderlich, daß es aus Knospen, schlafenden Augen und Adventivknospen nur so sprießt. Im Spitzenbereich wachsen viel mehr Triebe als gebraucht werden, basisnah ist der Neuwuchs meistens knapp, selbst nach kräftigem Schnitt. Viele Austriebe stehen an Stellen, die für einen lockeren Kronenwiederaufbau untauglich sind. Hinzu kommt altes Fruchtholz, das nachzubessern ist. Eine sorgfältige Nachbehandlung über mehrere Jahre lohnt sich deshalb auf jeden Fall. Spätestens 1 Jahr nach dem starken Schnitteingriff wird sachgemäß ausgelichtet, danach 2 bis 3 Jahre die Krone nach den Regeln des Aufbauschnittes behandelt. Das bedeutet zunächst Anschnitt der Verlängerungstriebe von Mittelast, Leit- und Nebenästen. Weiterhin beseitigt man Wasserschosse, Reiter- und Konkurrenztriebe auf den Leitästen mit Astring, am Mittelast auf Astring. An Stellen, wo die Astseiten aufgekahlt sind, also Fruchtholz fehlt, werden verwendbare Wasserschosse bereits im ersten Sommer waagerecht gebunden oder im Winter auf 4 Knospen eingekürzt. Ständerzweige nimmt man auf die untersten beiden Abzweigungen zurück. Diese sollten möglichst nach links und rechts gerichtet sein.

Winterschnitt an Leit- und Nebenästen

Am Leitast **(171:** *L)* sind Reitertriebe *(R)* und Wasserschosse *(W)* mit Astring zu entfernen, desgleichen am Nebenast *(N)*. Ist die Astseite in Basisnähe aufgekahlt, läßt man einzelne Wasserschosse *(WF)* stehen. Sie werden im Sommer waagerecht gebunden (unterbrochene Linie) oder im Winter auf etwa 4 Knospen eingekürzt. Unten sollten dann 2 kräftige Knospen jeweils nach links und rechts weisen. Ein im Vorjahr eingekürzter Wasserschoß ist in unserem Beispiel zum Ständerzweig *(SZ)* geworden. Hier läßt man höchstens die beiden unteren Triebe als Fruchtholz *(F)* stehen; Steiltriebe werden beseitigt, damit sich das Oberseitenholz nicht zu stark entwickeln kann.

Im Spitzenbereich des Leitastes muß kräftig gelichtet werden. Zu üppiger Wuchs wird entfernt, eine geeignete Verlängerung *(LV)* bestimmt und auf eine äußere Knospe eingekürzt. Die Astverlängerung schneidet man auf 30 cm Länge von Konkurrenztrieben *(K)* und Seitenholz *(S)* frei. Triebe *(Tr)* unmittelbar am Wundrand fördern die Verheilung, werden aber auf die basisnahen (Rosetten-)Knospen zurückgenommen und auch in den nächsten Jahren kurz gehalten.

An den Seiten der Leit- und Nebenäste haben sich willkommene neue Seitentriebe *(S)* gebildet, die teils direkt dem Ast, teils aus älterem Fruchtholz entspringen. Aus der Ferne gleichen sie Wasserschossen, sind aber nicht als solche anzusehen. Diese Seitentriebe stellen vielmehr wertvolle Verjüngungstriebe für das Fruchtholz dar. Nur wo sie dicht stehen, erfolgt ein Wegschnitt auf Astring (S_1, F_1). Altes Fruchtholz (F_2) wird weiterhin entfernt. Schon im folgenden Jahr bringen viele der jungen Seitentriebe Blüten und Früchte, wenn das Einkürzen unterbleibt. Werden die steilsten Seitentriebe im Sommer noch waagerecht gebunden, setzt auch bei diesen der Blühbeginn früh ein.

Winterschnitt am Mittelast

Am Mittelast *(M)* eines Apfelbusches sollte über den Leitästen *(L)* nur Fruchtholz geduldet werden **(172)**. Bei wüchsigen Halb- und Hochstämmen können noch 3 bis 4 Nebenäste stehenbleiben. An

Nachbehandlung bei starkem Schnitt

ihnen und dazwischen ist der geeignete Platz für Fruchtholz. In unserem Beispiel sehen wir überall jungen Zuwachs, der unten schwach bis mittelstark, oben überwiegend stark ausgebildet ist.

Im Spitzenbereich bestimmt man zunächst einen geeigneten Verlängerungstrieb *(MV)*. Er soll den Mittelast möglichst senkrecht verlängern und wird um 1/4 gekürzt. Die obersten 40 cm schneidet man von Trieben *(Tr)* und Verzweigungen frei, damit die ältesten Partien mehr jungen Zuwachs bekommen. Triebe *(Tr)* am Rand der großen Wunde werden bis auf die kleinen Basisknospen zurückgenommen und weiterhin kurz gehalten. Die Wundüberwallung vollzieht sich dann ziemlich rasch.

Die Korrekturen am **Fruchtholz** sind an den Schnittstrichen zu erkennen. Im oberen Bereich werden von 2 Fruchtzweigen (Z_6, Z_7) die Reitertriebe *(R)* entfernt, falls eine Sommerbehandlung versäumt wurde. An den Fruchtzweigen darunter (Z_1, Z_4) wird hängendes Fruchtholz *(F)* weggeschnitten. Auch der Wasserschoß *(W)* unten rechts fällt der Schere zum Opfer.

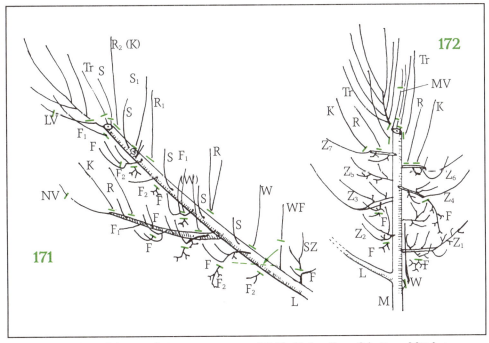

171 *Nachbehandlung: Schnitt am Leitast*

172 *Nachbehandlung: Schnitt am Mittelast*

Der Schnitt der Kernobstbäume

Nachbehandlung im Sommer

Beim Aufbauschnitt wurde bereits auf die Vorteile des Sommertermins hingewiesen, die auch für die Nachbehandlung stark geschnittener älterer Bäume gelten. Allerdings sollen an verjüngten Bäumen mit wenig Laub und mittlerem bis hohem Fruchtbehang nur Bindearbeiten vorgenommen werden, da solche Bäume jedes Blatt für die Fruchtversorgung benötigen. Dagegen sind Kronen, die nur ausgelichtet werden, meist besser belaubt, so daß ihnen auch ein Sommerschnitt Mitte August gut bekommt. Zu starke Belaubung bei mäßigem Fruchtansatz führt häufig zur Stippigkeit, einer Fruchtfleischerkrankung, für die braune Gefäßbündel nahe unter der Apfelschale charakteristisch sind.

Das **Waagerechtbinden** von Steiltrieben an Leit- und Nebenästen ist bei allen Trieben, die sich als Fruchtholz eignen, durchführbar und von Vorteil. Das Wachstum wird sofort gestoppt, so daß sich noch im selben Jahr Blütenansätze bilden können. Vor allem wüchsiges Seitenholz, besonders im Spitzenbereich (**171:** R_1, R_2), sollte man binden, was auch an anderen Stellen sinnvoll ist. Gebunden werden weiterhin Wasserschosse an aufgekahlten Leitästen im basisnahen Bereich (*WF*), die man dann nicht anschneidet. Haben sich mehrere Wasserschosse an der Astbasis über Kahlstellen gebildet (**173:** W_1, W_2), so kann man einen nach links und den anderen nach rechts waage-

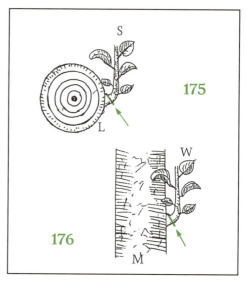

175, 176 *Zu dicht stehende Seitentriebe am Leitast entfernt man auf Asthalbring* (**175**). *Ebenso verfährt man mit wertlosen Wasserschossen am Mittelast dichtlaubiger Bäume* (**176**)

recht binden. Das Binden sollte so erfolgen, daß die Wasserschosse in Richtung der Astspitze zeigen und zum Leitast einen Winkel von 30–45° bilden.

Wasserschosse (*W*), die an sonst kahlen Stellen des Mittelastes stehen (**172**), kann man im August herunterbinden, und zwar entweder als Nebenäste auf 30° zur Waagerechten oder als Fruchtzweig (**174**) waagerecht. Solche Bindungen beläßt man ein Jahr.

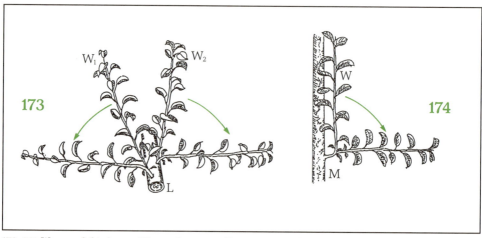

173, 174 *Waagerechtbinden von Wasserschossen am Leitast* (**173**) *und am Mittelast* (**174**)

Am obersten Fruchtholz (172: Z_6, Z_7) könnte man die basisnahen Reitertriebe (R) auch waagerecht binden, statt sie wegzuschneiden. Bei wüchsigen Bäumen ist es vorteilhaft, wenn man sie durch viel Heruntergebundenes »beschäftigt«; der Wuchs wird so gebremst, der Blütenansatz gefördert.

Ein **Wegschnitt** überzähliger Triebe an Leit- und Nebenästen (171: L, N) kommt im Sommer nur bei blattreichen Bäumen in Betracht und hier nur am Oberseitenholz. Auch zu dicht stehende Seitentriebe (S) kann man bereits auf Astring oder noch besser auf Asthalbring entfernen (175). Der zeitige Wegschnitt im August bringt mehr Licht und Kraft für die verbleibenden Blätter und Knospen.

Am Mittelast (172) werden bei dichtlaubigen Bäumen wertlose Wasserschosse (W) auf Astring oder Asthalbring weggeschnitten (176). Weiterhin kann man bereits den üppigen Wipfel (172) bis auf einen Verlängerungstrieb (MV) und geeignete Wundrandtriebe (Tr), die dann beim Spätwinterschnitt eingekürzt werden, beseitigen. An den beiden obersten Fruchtzweigen (172: Z_6, Z_7) sind die äußersten Steil- oder Konkurrenztriebe (K) mit Astring zu beseitigen. Die danebenstehenden Reitertriebe (R) sollten waagerecht gebunden werden. Den Wegschnitt alten Fruchtholzes (F) behält man sich für den Winter vor.

Besonderheiten beim Apfel

Die bisher besprochenen Schnittmaßnahmen bezogen sich bereits auf den Apfelbaum, doch sollen hier noch einige Besonderheiten herausgestellt werden. Über 1000 Apfelsorten werden in Mitteleuropa angebaut, und diese Sortenvielfalt bringt auch erhebliche Wuchsunterschiede mit sich. Die verschieden stark wachsenden Baumformen wurden bereits erwähnt. Je nachdem, auf welche *Unterlage* veredelt wurde, hat man mittelstark wachsende Buschbäume oder stärker wachsende Halb- und Hochstämme vor sich. Dazu kommen die Wuchsunterschiede der jeweiligen *Edelsorte*, die auf der Unterlage sitzt, und so erlebt der aufmerksame Hobbygärtner, daß jeder Apfelbaum nicht nur ein wenig anders wächst, sondern auch auf den Schnitt unterschiedlich reagiert.

Es ist also nötig, die Schnittregeln auch der jeweiligen Sorte anzupassen. Dazu muß man jedoch le-

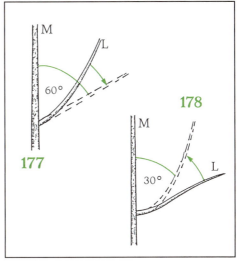

177, 178 *Bei Apfelsorten mit steilem Wuchs werden die Leitäste tiefer formiert* (177), *bei Sorten mit überhängendem Wuchs bindet man sie auf* (178)

diglich die bisher erarbeiteten Regeln und Maßnahmen von Fall zu Fall leicht abwandeln; grundsätzlich gelten sie für jeden Apfelbaum. Die Notwendigkeit zur leichten Abwandlung der Grundregeln ergibt sich in erster Linie bei Unterschieden in der *Wuchsstärke*, in der *Triebstellung* und in Art und Länge des *Fruchtholzes*.

Je schwächer der **Wuchs** ist, desto stärker muß der Anschnitt der Astverlängerung erfolgen, um das Wachstum entsprechend anzuregen. Je stärker der Wuchs, desto zurückhaltender muß man dagegen beim Anschnitt sein, um überflüssigen Zuwachs zu vermeiden und die Fruchtbarkeit nicht unnötig zu verzögern. Stark wachsende Bäume lassen sich durch den Sommerschnitt bremsen, schwach wachsende dagegen sind möglichst im Winter zu schneiden. Weiterhin ist die **Triebstellung** zu berücksichtigen. Bei steil wachsenden Sorten wählt man die Leittriebe aus dem mittleren Bereich des Mittelastes und formiert sie beim Pflanzschnitt so, daß sie mit dem Mittelast einen Winkel von 50–60° bilden (177); beim Spindelbusch müssen sie noch flacher verlaufen. Der erste Nebenast steigt dann von der Waagerechten nur um 20° an. Bei Bäumen mit überhängenden Zweigen erfolgt die Auswahl der Leittriebe aus der oberen

Der Schnitt der Kernobstbäume

Mitte des Mittelastes. Notfalls bindet man sie auf, so daß sie einen Winkel von 30° zum Mittelast bilden **(178)**. Eine andere Möglichkeit ist der Anschnitt auf eine Oberseitenknospe. Während des Instandhaltungs- und Verjüngungsschnittes muß man dann bei steiler Triebstellung öfter ableiten, bei flacher entsprechend aufleiten.

Ab dem Ertragsschnitt gilt unsere Aufmerksamkeit ganz besonders dem Fruchtholz, das ja nun Qualitätsfrüchte bringen soll. Sorten mit kurzem bis mittellangem Quirlholz verzweigen sich meist stark, vergreisen frühzeitig und sind öfter zu verjüngen sowie auszulichten. Sorten mit guter Verzweigung und überwiegend mittellangen Fruchtruten bringen die besten Früchte, wenn genügend ausgelichtet wird und man Fruchtbögen nicht zu alt werden läßt.

Sorten mit geringerer Verzweigung und wenigen langen Seitentrieben erfordern anfangs viel Bindearbeit. Die Verlängerungstriebe der Äste sind stark zurückzuschneiden, um die Verzweigung zu fördern. Lange Fruchtbögen können bis 4 Ernten bringen, ehe man sie auf einen Oberseitentrieb aufleitet.

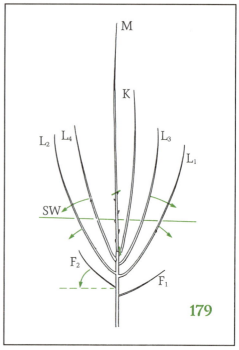

179 Einjährige Krone eines Birnbaumes. Vor dem Anschnitt der Leitäste wird formiert und gebunden sowie der Konkurrenztrieb entfernt

Besonderheiten bei der Birne

Birnbäume wachsen wesentlich steiler als Apfelbäume und kommen später ins Ertragsstadium. Während man Äpfel als Hohlkrone erziehen kann, ist das bei Birnen nicht ratsam, da sich hier die Haupttriebkraft auf den Mittelast konzentriert. Der Zuwachs findet sich überwiegend an den Astenden. Dadurch kommt es leicht zu einem Verkahlen der Basis, wenn der nötige Schnitt ausbleibt (vgl. S. 76, Abb b).

Die Schößlinge oben am Mittelast sind in der Ertragszeit möglichst durch einen Schnitt zu entfernen, der jährlich oder alle 2, spätestens alle 3 Jahre erfolgt (vgl. S. 75, Abb b). Fehlt der Mittelast, so nimmt die Schosserbildung auf der Innen- oder Oberseite der Äste und Zweige überhand. Beim Pflanz- und Aufbauschnitt der Pyramidenkrone **(179**; S. 75, Abb. **a)** sind zunächst Konkurrenztriebe *(K)* zu entfernen. 3 bis 4 Seitentriebe werden dann als zukünftige Leitäste $(L_1 - L_4)$ so abgespreizt, daß sie zum Mittelast einen Winkel von 50–60° bilden. Der schwächste Leittrieb (L_1) ist bis auf 3/5 zu kürzen. Die übrigen Leittriebe $(L_2 - L_4)$ werden auf gleiche Höhe oder auf Saftwaage *(SW)* angeschnitten.

Die **Mittelastverlängerung** *(M)* sollte nur 5 bis 6 Knospen behalten und die Saftwaage nur wenig überragen, höchstens um 1/3 des angeschnittenen schwächsten Leittriebes (L_1). Überzählige, stärker ansteigende Fruchttriebe (F_2) stellt man waagerecht. Wer einen hohen Birnbaum wünscht, kann am Mittelast zweimal 3 bis 4 Nebenäste aufbauen; zuweilen findet man dafür schon in einem Jahr bis zu 2 geeignete Triebe. Der Aufbauschnitt erstreckt sich dann über etwa 8 Jahre.

Während der Aufbau- und der ersten Ertragszeit läßt sich zusätzlich **Fruchtholz** gewinnen, wenn man Reitertriebe etwa Ende Juni auf 20 cm Länge pinziert (vgl. **130**) oder – noch besser – im Juli auf Stummel oder Rosette zurückschneidet. Andernfalls sind Langtriebe auf den Ästen beim Sommer- oder Winterschnitt nach Möglichkeit jährlich zu entfernen.

Birnenhalbstamm

Dreijährige Krone; der bisher durchgeführte Schnitt ermöglicht keinen guten Start. Schon jetzt bedrängen sich die Zweige, es kann keine lichte Krone geben.

Aufbauschnitt: Da der Stamm bereits hoch genug ist, wurden die untersten Zweige, obwohl sie am schwächsten sind, als zukünftige Leitäste bestimmt. 2 weitere kamen hinzu und wurden annähernd auf Saftwaage geschnitten. Als Mittelastverlängerung fand sich ein schwacher Trieb, der nach dem Anschnitt die Saftwaage nur wenig überragt, was bei Birnen wichtig ist.

a

Birnenhalbstamm

15 Jahre lockere Krone; bei mangelndem Schnitt droht Fehlentwicklung. Am Mittelast sind bereits einige Nebenäste zu üppig, die Krone ist zu hoch.

Ertrags- und Verjüngungsschnitt: Die Nebenäste mußten gekürzt werden, was meist durch Ableiten auf einen flacheren Seitentrieb geschah. Da die Krone zu hoch war, bot es sich an, das gesamte obere Triebbüschel auf einmal zu entfernen, und zwar auf einen schwachen Trieb als Verlängerung, der mäßig gekürzt wurde. In den nächsten Jahren sollte die Krone nicht höher werden.

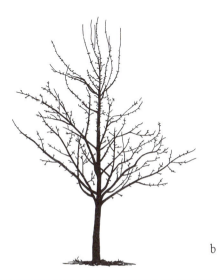

b

Birnenbuschbaum

Sorte 'Williams', auf Quitte/Zwetschenveredlung, 10 Jahre, bereits vergreist; dies zeigt sich in mäßigem Wuchs. Die Krone ist zu groß.

Verjüngung: 1/3 des Mittelastes wurde über einem schwachen Seitentrieb weggeschnitten. Darunter kommt schwaches Fruchtholz. Der steile Ast rechts wurde als Fruchtzweig abgeleitet. Von den unteren Leitästen erreichen nur 2 die Saftwaage. Diese muß man im nächsten Jahr etwas zurücksetzen, damit die anderen aufholen können. Rechts wurde ein Überlagerungsast abgesägt.

a

Birnenhochstamm

30 Jahre; die mächtige, zu hohe Überkrone beschattet das Innere, weshalb viel Fruchtholz abgestorben ist.

Verjüngung: Steiläste wurden Stück für Stück abgeschnitten und heruntergeworfen, die nunmehr obersten kleinen Fruchtzweige und Nebenäste (Kronenmitte) auf flachere Triebe abgeleitet oder gekürzt. Die untersten Äste bleiben am längsten und enden in einem aufwärts gerichteten Trieb. Somit ist die Rangordnung einer Pyramidenkrone wiederhergestellt.

b

Birnenspindelbusch

Sorte 'Conference', einjährige Krone (links); damit das Bäumchen früh fruchtbar wird, sollte man wenig schneiden und statt dessen mehr binden.

Pflanzschnitt (Mitte): Zunächst war der Konkurrenztrieb zu entfernen. Der Mitteltrieb wurde etwas zu lang angeschnitten. Steil stehende Seitentriebe wurden oben abgespreizt. Dies hätte man auch bei den nachfolgenden mittelstarken Trieben anwenden können, bei den längeren Seitentrieben wäre ein Binden unter die Waagerechte noch günstiger.

Entwicklung in den folgenden Jahren (rechts): Das starke Wachstum wurde durch den 35°-Winkel über der Waagerechten gestoppt, so konnte man bereits im 3. Jahr erste Früchte ernten. Nun kann der Kronenaufbau (Aufbauschnitt) beginnen.

a

Birnenspindelpyramide

30 Jahre; mit mehr als 3 m zu hoch. Sie wurde aus einem wüchsigen Spindelbusch mit Quittenunterlage entwickelt und steht auf gutem Boden.

Starke Verjüngung: Diese wurde notwendig, da das Fruchtholz an den ältesten Teilen größtenteils abgestorben war und der Besitzer eine niedrigere Krone wünschte. Beim Einkürzen fiel die Wahl auf einen schwachen Verlängerungstrieb des Mittelastes, um den Höhenwuchs einzuschränken. Damit sich die verbleibenden Fruchtzweige mit mehr jungem Fruchtholz garnieren, wurden sie auf flachere Seitentriebe abgeleitet, besonders in der Kronenmitte.

b

Der Schnitt der Kernobstbäume

Die Langtriebe am Seitenholz stellt man, wo es möglich ist, ab Mitte Juli waagerecht. Wird in den Ertragsjahren nicht jährlich geschnitten, sollte man wenigstens alle 2 bis 3 Jahre die obersten Steiltriebe und Ständer entfernen, wodurch die Krone manchmal um 2 m niedriger werden kann. Man überläßt dann einem schwachen Seitentrieb die Führung. Neue Schnittstellen in dickem Holz müssen dabei unbedingt vermieden werden.

Bei einem **Spindelbusch** oder einer Spindelpyramide läßt sich das Einsetzen der Fruchtbarkeit durch geeignete Maßnahmen beim Pflanzschnitt verfrühen **(180)**. Man schneidet nur die Mittelastverlängerung *(M)* auf etwa 7 bis 8 Knospen an (vgl. Schnittstrich). Alle Seitentriebe *(S)* einschließlich Konkurrenztrieb *(K)*, also die späteren Fruchtzweige *(Z)*, werden unter die Waagerechte gebunden (vgl. unterbrochene Linien).

In gleicher Weise verfährt man beim 1. Aufbauschnitt **(181)**. Gebunden wird am Stamm oder am Mittelast. An den ältesten Fruchtzweigen findet man bereits Blütenknospenansätze. Dazu kommt es jedoch nur, wenn die von den Blättern erzeugten Baustoffe nicht sofort von neuen Langtrieben wieder verbraucht werden, was bei dem genannten Vorgehen nicht der Fall ist. An den Kronenaufbau geht man erst, wenn der Baum im fruchtbaren Stadium ist **(182)**. Dafür bieten sich mit den ältesten Fruchtzweigen aus Basisknospen geeignete Triebe, die man im Sommer auf etwa 20° zur Waagerechten formiert und im Spätwinter anschneidet (Schnittstriche). So verfährt man auch in den nachfolgenden Jahren.

Die Besonderheiten einer Spindelpyramide werden auf S. 77 gezeigt; dort finden sich auch Hinweise zum Verjüngungsschnitt.

Besonderheiten bei der Quitte

Bei Quittenbäumen ist die Pyramidenkrone anzustreben, wie sie für Apfelbuschbäume vorgestellt wurde. Im Kronenaufbau gibt es kaum Unterschiede zum Apfelbusch. Der **Pflanzschnitt** muß das Gleichgewicht zwischen Wurzel- und Sproß-

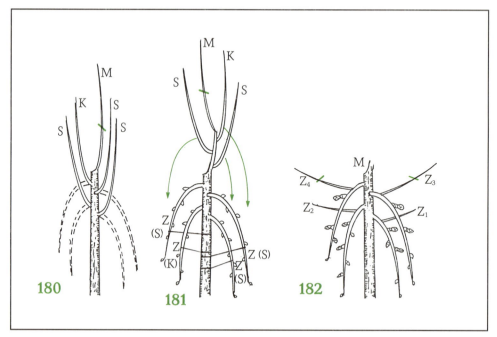

180–182 *Birnenspindelbusch: Bei der einjährigen Krone* **(180)** *wird nur der Mittelast angeschnitten, die Seitentriebe bindet man nach unten. Im 1. Sommer* **(181)** *wird mit den neuen Trieben im oberen Bereich in gleicher Weise verfahren; die heruntergebundenen Zweige zeigen schon Knospenbesatz. Vom 2. Standjahr an* **(182)** *entwickeln sich Blütenknospen und Fruchtzweige nahe der Zweigbasis (der Mittelast ist nur angedeutet)*

krone herstellen, damit sich kräftige Seitentriebe bilden können. 3 bis 4 davon werden als Leittriebe mit 45° formiert. Den schwächsten kürzt man um 1/4 ein, die anderen bringt man auf gleiche Höhe (Saftwaage). Der Konkurrenztrieb sollte möglichst entfernt werden. Die Mittelastverlängerung schneidet man gut scherenlang über der Saftwaage an. Schwaches Seitenholz bleibt unbehandelt.

Es folgen 2 bis 3 **Erziehungsschnitte**. Dabei wird nicht so streng verfahren wie bei der Pyramidenkrone des Apfelbuschbaums. Die dort besprochenen Regeln sind aber anwendbar. Nach dem 3. Standjahr unterbleibt der Anschnitt der Verlängerungstriebe. Nun werden die Maßnahmen des **Ertragsschnittes** durchgeführt. Quitten fruchten am zwei- bis dreijährigen Holz, die Blütenknospen sitzen an den Triebenden.

Nach etwa 10 Jahren sollte der erste **Verjüngungsschnitt** vorgenommen werden. Die Verjüngung wird dann alle 6 bis 8 Jahre wiederholt. Dazu lichtet man zunächst aus, kürzt dann altes Fruchtholz ein und setzt die Krone um 1/4 zurück. Stümpfe dürfen nicht stehenbleiben, Wunden sind stets sorgfältig zu verstreichen.

Der Apfelspindelbusch

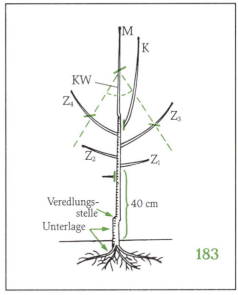

183 *Zweijähriger Apfelspindelbusch mit einjähriger Krone; Pflanzschnitt*

Der Spindelbusch ist eine besonders für den Apfel geeignete Baumform mit einem Mittelast und seitlich angeordneten Fruchtzweigen. Dieser kleine Baum kann mit Rund-, Oval- oder Längskrone erzogen werden. Je nach Unterlage, Boden und Standort wird der Spindelbusch 1,75–2,25 m hoch und breit und blüht ab dem 2. oder 3. Jahr. Er läßt sich ohne Leiter leicht pflegen, schneiden und abernten. Die Erziehung erfolgt im allgemeinen ohne Bindearbeit. Eine flache Zweigstellung ist Voraussetzung für frühe, hohe Erträge, hat aber auch rasche Vergreisung zur Folge. Bereits nach 8 bis 10 Jahren muß zum erstenmal verjüngt werden. Für die Pflanzung ist eine zweijährige Veredlung mit einjähriger Krone empfehlenswert **(183)**.

Pflanzschnitt

Geschnitten wird im Frühjahr vor dem Austrieb **(183)**. Zunächst schneidet man den Stamm über dem Boden 40–60 cm frei, damit die Früchte nicht bis zur Erde herabhängen und der Boden

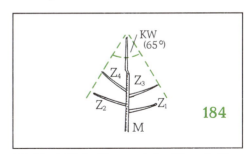

184 *Die einjährige Krone nach dem Pflanzschnitt*

leichter bearbeitet werden kann. Nun entfernt man den Konkurrenztrieb *(K)* auf Astring. Anschließend wird die Mittelastverlängerung *(M)* über der 6. bis 7. starken Knospe eingekürzt. An dieser Schnittstelle legt man die Spitze des Kronenwinkels *(KW)* an und wählt dann die Winkelgröße so, daß die untersten Triebe *(Z_1, Z_2)* von den Schenkeln des Winkels möglichst nicht gekreuzt werden. Diese Triebe sollten ungeschnitten bleiben, weil sie so am frühesten fruchten. Die Triebe darüber *(Z_3, Z_4)* schneidet man an den Kreuzungsstellen auf eine nach außen oder unten gerichtete Knospe. Wundverschluß nicht vergessen! Das Bäumchen nach dem Schnitt zeigt **184**.

Der Schnitt der Kernobstbäume

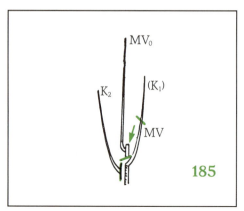

185 *Bei Steilwuchs in zweijährigen Kronen leitet man den Mitteltrieb auf einen Konkurrenztrieb ab*

Besonderheiten: Pflanzbäume mit zweijähriger Krone **(186)** werden nach den Regeln des 1. Aufbauschnittes behandelt. Schmale Kronen erfordern einen Anfangskronenwinkel von 40–60°. An breitwüchsigen Bäumen sollte man auch die unteren langen Fruchtzweige entlang des Kronenwinkels kürzen. Bei Steilwuchs kann man die Mittelastverlängerung *(MV_0)* bis zu einem Konkurrenztrieb *(K)* entfernen **(185)**. Dies ist vor allem bei schlechter Wundverheilung durch abbröckelnde Rinde oder Stummelschnitt **(185: Pfeil)** unumgänglich. Der Konkurrenztrieb wird dann gekürzt und übernimmt als neue Mittelastverlängerung *(MV)* die Führung.

Aufbau- oder Erziehungsschnitt

Die nächsten 4 bis 5 Jahre wird in jedem Frühjahr ein Aufbauschnitt durchgeführt. Danach hat der Spindelbusch seine endgültige Größe erreicht.

1. Aufbauschnitt: Ein Jahr nach dem Pflanzschnitt ist die nun zweijährige Krone **(186)** in allen Teilen stärker und ausladender geworden, was ein Vergleich mit dem Kronenwinkel für den Pflanzschnitt **(184)** und für den 1. Aufbauschnitt **(187)** besonders deutlich zeigt. An den älteren Fruchtzweigen *(Z_3, Z_4)*, haben sich zur Spitze hin Holztriebe, zur Basis hin Blütentriebe gebildet. Bei Z_1 und Z_2 ist der Wuchs etwas schwächer. Der obere Teil der Krone ähnelt dem Bild der einjährigen Krone. (Vgl. auch S. 81, Abb. **a**.)

Geschnitten wird zeitig im März in folgender Reihenfolge **(186)**: Konkurrenztrieb *(K)* am Mittelast entfernen; an den Fruchtzweigen *(Z_3, Z_4)* bleiben die Konkurrenztriebe zunächst stehen, da sie hier schwach sind. Mittelastverlängerung *(M)* auf etwa 7 Knospen über der vorjährigen Schnittstelle einkürzen, bei schwächerem Wuchs um 1 bis 2 Knospen weniger, bei starkem um 1 bis 2 mehr. Äußeren Kronenwinkel *(KW)* wie beim Pflanzschnitt anlegen, jedoch jährlich etwas größer werden lassen. An den Kreuzungsstellen die Zweigverlängerungen *(Z_3, Z_4, Z_7, Z_8)* auf eine untere Knospe zurückschneiden, damit sich die Fruchtzweige in flachem Verlauf entwickeln. Schwächere Fruchtzweige *(Z_1, Z_2, Z_5, Z_6)* bleiben ohne Schnitt, auch wenn sie mäßig über den Kronenwinkel hinausgehen, da sie ungeschnitten früher fruchten. Schwaches Seiten- oder Fruchtholz *(F)*

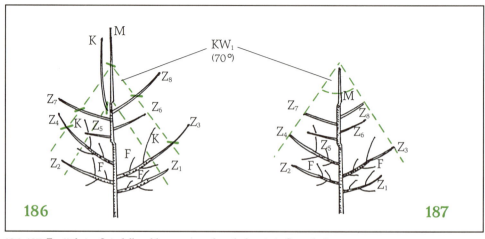

186, 187 *Zweijährige Spindelbuschkrone vor und nach dem 1. Aufbauschnitt*

Apfelspindelbusch

Sorte 'Cox' auf der Unterlage M 4, zweijährige Krone; die beiden rechten unteren Triebe wurden im vorigen Jahr nicht angeschnitten. Da sich die Fruchtzweige kaum verzweigt haben, blieben die Konkurrenztriebe stehen. Man hätte sie im Sommer waagerecht binden können.

1. Aufbauschnitt: Die Mittelastverlängerung wurde wieder stark zurückgeschnitten, um die Verzweigung zu fördern. Nur die oberen 3 Fruchtzweige wurden eingekürzt, die unteren nicht, damit sie rascher fruchten. Die Konkurrenztriebe wurden etwas zurückgenommen, was auch hätte unterbleiben können. In diesem Fall ist ein Binden im Sommer sinnvoll.

a

Apfelspindelbusch

Fünfjährige Krone; die Fruchtzweige sind locker verteilt. Da es im oberen Bereich zu starker Triebbildung gekommen ist, muß unbedingt eingegriffen werden.

4. Aufbauschnitt: Oben wurde stark gelichtet. Am Mittelast fand sich eine günstige Verlängerung, die um die Hälfte zurückgenommen wurde. Der rechte obere Fruchtzweig konnte auf einen flachen Außentrieb abgeleitet werden. Der Anschnitt der Fruchtzweige erfolgte unter einem Kronenwinkel von 90°.

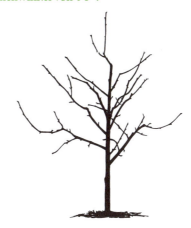

b

Der Schnitt der Kernobstbäume

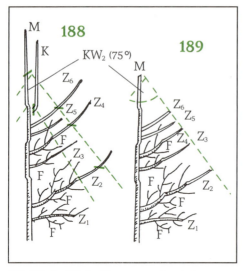

188, 189 *Dreijährige Krone vor und nach dem 2. Aufbauschnitt*

an den Zweigen (Z_1–Z_4) wird in der Aufbauzeit ebenfalls nicht geschnitten. 187 zeigt die zweijährige Krone mit Kronenwinkel (KW_1) nach dem Schnitt.

Wenn so geschnitten wird wie eben angegeben, ist im allgemeinen kein zusätzliches Herunterbinden erforderlich. Wer binden oder klammern will, sollte dies Ende Juli/Anfang August erledigen. Günstig wirkt sich ein Anstieg der unteren Zweige (Z_1–Z_4) um 30°, der oberen (Z_5–Z_8) um 25° von der Waagerechten aus. Jeder Jahrgang wird also um 5° niedriger gestellt. Stärker abgesenkte Zweige sind nicht wüchsig genug und vergreisen rasch.

2. Aufbauschnitt (188): Dieser erfolgt im zeitigen Frühjahr. (Unser Beispiel zeigt zur besseren Übersicht nur den Mittelast mit der rechten Kronenhälfte.)

Der Konkurrenztrieb (K) wird auf Astring entfernt. Die Mittelastverlängerung (M) schneidet man auf etwa 7 Knospen an, möglichst auf Auge. Der Kronenwinkel sollte jetzt etwa 75° betragen.

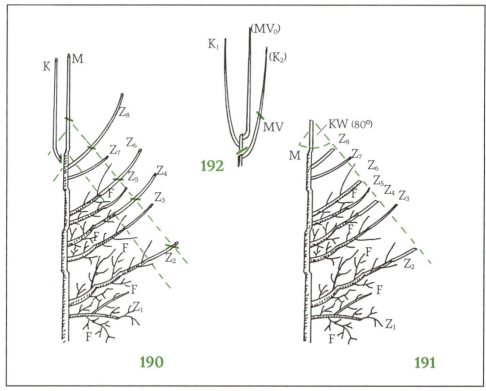

190–192 *Vierjährige Krone vor und nach dem 3. Aufbauschnitt; eine zu lange Mittelastverlängerung sollte abgeleitet werden* (192)

Schnittstriche am äußeren Kronenwinkel *(KW₂)* zeigen die Anschnitte der längsten Fruchtzweige *(Z)*. Suchen muß man nur noch die nach außen gerichteten Knospen, über denen dann geschnitten wird. Das seitlich stehende Fruchtholz *(F)* bleibt in der Aufbauzeit noch ohne Schnitt. Wundverschluß nicht versäumen! 189 zeigt die dreijährige Krone nach dem 2. Aufbauschnitt.

Der **3. Aufbauschnitt (190)** wird wie im Vorjahr durchgeführt. Eine zu lange Mittelastverlängerung **(192:** MV_0**)** sollte entfernt werden, ihre Funktion übernimmt dann K_2. Der Kronenwinkel beträgt 80°, seine Schenkel bestimmen wieder den Anschnitt der Fruchtzweige *(Z_4, Z_6, Z_8)*. Die Kronenhälfte nach dem Schnitt zeigt 191.

Der **4. Aufbauschnitt (193)** wird in Anlehnung an den 2. und 3. durchgeführt. Nach Wegschnitt des Konkurrenztriebes *(K)* und Anschnitt des Mittelastes *(M)* legt man nun einen Kronenwinkel von etwa 80° an. Die längsten Seitenzweige *(Z)* werden wieder eingekürzt. Zu lange Konkurrenztriebe auf den oberen Fruchtzweigen bindet

Der Apfelspindelbusch

man, wenn wenig Verzweigung vorhanden ist, im August waagerecht, andernfalls schneidet man sie Anfang März weg. Wachsen Fruchtzweige im oberen Bereich **(195:** *Z)* zu steil, empfiehlt es sich, auf einen flacheren Seitentrieb *(S)* abzuleiten und diesen bei Bedarf einzukürzen. Das Schnittergebnis zeigt 194.

Ein **5. Aufbauschnitt** ist nur bei wüchsigeren Spindelbüschen noch erforderlich. Er kann dann entsprechend den vorangegangenen Schnitten durchgeführt werden. Auch Spindelpyramiden für Apfel (s. S. 89, Abb. **a**) und Birne sind in gleicher Weise zu schneiden.

Wenn man seinen Spindelbusch mit Rund- oder Ovalkrone erziehen will, muß man von Anfang an darauf achten, daß man die Fruchtzweige gleichmäßig um den Mittelast verteilt. (Die Abb. **193–194** zeigen die richtige Anordnung der Fruchtzweige, aus Gründen der Übersichtlichkeit

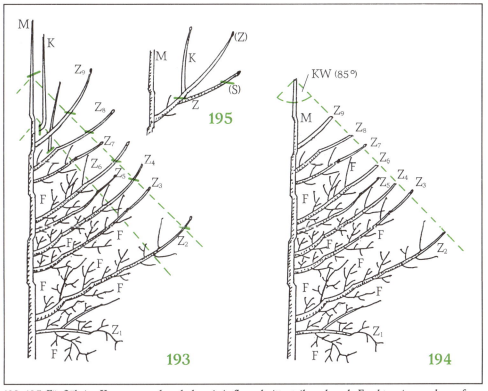

193–195 *Fünfjährige Krone vor und nach dem 4. Aufbauschnitt; steil wachsende Fruchtzweige werden auf flachere Seitentriebe abgeleitet* **(195)**

Der Schnitt der Kernobstbäume

jedoch nicht ihre räumliche Verteilung. Der Eindruck enger Überlagerung, der so entsteht, trifft in Wirklichkeit nicht zu, da sich die Zweige auf eine kegelförmige Rundkrone verteilen.)

Ertrags- oder Erhaltungsschnitt

Nach 4 bis 5 Jahren Aufbauzeit hat dieser Baum die endgültige Höhe und Breite von im Mittel 2 m erreicht. Danach darf sich die Krone nicht weiter ausdehnen, sonst altert das Fruchtholz zu früh. In **196** sind der besseren Übersicht wegen nur die letzten Endverzweigungen dargestellt. Die markierten Schenkel des Kronenwinkels sollen die Ausdehnung der Krone für mehrere Jahre begrenzen. Was darüber hinaus wächst, muß in jedem Nachwinter entfernt werden, allerdings nicht durch An- oder Rückschnitt, sondern durch Wegschnitt, Ab- oder Aufleitung.

Im Spitzenbereich des Mittelastes *(M)*, wo der Zuwachs am stärksten ist, wird als neue **Mittelastverlängerung (196: M_1)** ein tiefer stehender Seitentrieb gewählt, der die vorgesehene Baumhöhe nicht überschreitet. Die seitliche Abweichung von der Mittelachse stört dabei nicht.

Im nächsten Jahr **(197)** entstehen auf dieser schräg stehenden Mittelastverlängerung vor allem Oberseitentriebe *(K)*, von denen man möglichst den

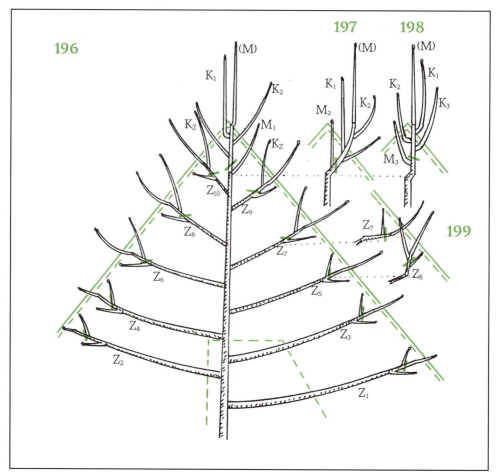

196–199 Ertragsschnitt beim Spindelbusch: **196** zeigt die sechsjährige Krone nach den Aufbauschnitten (zur besseren Übersicht wurden nur die längsten Fruchtzweige ohne Fruchtholz dargestellt). Aus **197** und **198** wird der Schnitt am Mittelast in den beiden darauffolgenden Jahren ersichtlich, aus **199** das Ab- und Aufleiten der Fruchtzweigenden

schwächsten auswählt *(M₂)*. Er kommt der Mittelachse dann schon wieder sehr nahe.

Ein Jahr danach **(198)** ist aus der Mittelastverlängerung *(M₂)* erneut ein Schopf von Steiltrieben *(K₁–K₃)* gewachsen. Man wählt wieder einen schwächeren *(M₃)*, der nun nach links zeigt. Die Triebentwicklung in der nächsten Vegetationsperiode ist mit der von M_1 zu vergleichen, so daß das Vorgehen zur Begrenzung der Kronenhöhe kaum Schwierigkeiten mit sich bringen dürfte, ebensowenig in den folgenden Jahren. Zwar wird es im Spitzenbereich etwas »winkelig« zugehen, doch fällt dieser Teil nach 8 bis 10 Standjahren bei der Verjüngung der Säge anheim.

Nun muß sich der Obstgärtner mit den Endtrieben der **Fruchtzweige (196)** auseinandersetzen. An den Fruchtzweigen *(Z)* sind oben möglichst flachgerichtete, schwächere Triebe als Endtriebe auszuwählen, die keinen Rückschnitt erfordern. Bei den unteren Zweigen *(Z₁–Z₅)* wird auf Oberseitentriebe geschnitten, um hier den sonst schwachen Wuchs zu verbessern.

Der Schnitt an den Enden der Fruchtzweige im nächsten Jahr **(199)** wird an 2 weiteren Beispielen gezeigt. Diesmal leitet man Z_5 ab und Z_7 auf. Auch in den nächsten Jahren dürften geeignete Triebe, auf die geschnitten werden kann, zur Verfügung stehen. Unten wird man eher ansteigende, oben mehr flachere Endtriebe wählen. Wie so oft gibt es dabei Ausnahmen, die diese Regel bestätigen. **200** zeigt den rechten Kronenteil nach dem 1. Ertragsschnitt.

Manchen Hobbygärtnern fällt es schwer, sich alljährlich von den schönen glatten, kräftigen Endtrieben zu trennen. Wer aber den genannten Empfehlungen folgt, hält den Baum angenehm klein, verhindert vorzeitige Vergreisung, erntet kaum weniger und wird durch Früchte von vorzüglicher Qualität belohnt.

Fruchtholzschnitt in der Ertragszeit

Blüh- oder Fruchtholz sollte nicht zu alt werden. Nach viermaligem Ertrag hat das Fruchtholz den Höhepunkt seiner Leistungsfähigkeit überschritten. Nach dem 5. bis 6. Standjahr, mit Einsetzen des Ertragsschnittes, erfordert auch das Fruchtholz einen regelmäßigen Schnitt. Man beginnt nach 5 Jahren **(200: 5j)** mit dem ältesten Fruchtholz. Es befindet sich am ältesten Abschnitt des untersten Fruchtzweiges und entstand bereits nach dem Pflanzschnitt. **201** zeigt das älteste

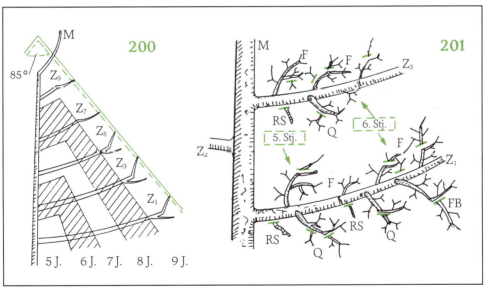

200, 201 *Fruchtholzschnitt:* **200** *zeigt die rechte Kronenhälfte nach dem 1. Ertragsschnitt. Die Jahresangaben weisen daraufhin, an welchen Zweigabschnitten in den nächsten Jahren der Fruchtholzschnitt durchzuführen ist. Wie man dabei im 5. und 6. Standjahr vorgeht, veranschaulicht* **201**: *Ringelspieße und zu kräftige Oberseitentriebe werden entfernt, Quirlholz und Fruchtbögen kürzt man ein*

Der Schnitt der Kernobstbäume

Fruchtholz als Ausschnitt von Beispiel **196**. Fruchtzweige *(Z)* können allseitig mit Fruchtholz besetzt sein, doch sollten auf der Oberseite keine zu wüchsigen Triebe geduldet werden, besonders im obersten Bereich der Krone. Schwaches Fruchtholz an der Zweigunterseite ist zu beseitigen, sofern es durch die darüberstehenden Teile beschattet wird. Bäume, die zu stark wachsen, muß man mehr »beschäftigen«, indem man stärkere Oberseitentriebe nicht restlos wegschneidet, sondern Ende Juli waagerecht stellt.

Durch den gezielten Schnitt wird das Fruchtholz ausgelichtet, verkleinert und gleichzeitig verjüngt. Quirlholz *(Q)* ist um 1/3 einzukürzen, wobei man schwache, abwärts gerichtete Knospen beseitigt; es wurde bereits darauf hingewiesen, daß dabei nie in den Fruchtkuchen geschnitten werden darf (vgl. **49, 50**). Längere, überhängende Fruchtbögen *(FB)* sind um mehr als 1/3 zurückzunehmen, wobei man stets auf eine kräftige Blütenknospe oder einen jüngeren Trieb oder Zweig auf der Oberseite schneidet. Die Schnittstriche **(201)** machen die Eingriffe deutlich. Zur Spitze hin ist das Fruchtholz länger, so daß es mehr Fruchtbögen gibt; zur Basis hin entwickelt es sich dagegen schwächer, so daß sich hier mehr Ringelspieße und Quirlholz bilden. Das Fruchtholz sollte möglichst gleichmäßig verteilt werden und ist im Spitzenbereich etwas stärker zurückzunehmen als an der Basis, damit es auch hier jährlich Neutriebe gibt.

Nach 6 Standjahren ist das Fruchtholz der nächstjüngeren Abschnitte **(200: 6j)** der Zweige (Z_1, Z_3) an der Reihe. In den folgenden Jahren wendet man sich dann dem Fruchtholz der Gliederungen *7j, 8j* und *9j* zu. Danach nimmt man den ersten Verjüngungsschnitt vor, an den sich eine Weiterbehandlung des Fruchtholzes anschließt, die in etwa dem Vorgehen und der Reihenfolge bei dem eben beschriebenen Erhaltungsschnitt entspricht. Dabei entfernt man jedoch ältere Teile in etwas stärkerem Maße.

Für den Fruchtholzschnitt ergibt sich so nach dem 5. Standjahr jährlich ein anderer Schwerpunktbereich in der Krone. Darüber hinaus darf man aber das übrige Fruchtholz nicht ganz außer acht lassen: Die Notwendigkeit zu Korrekturen kann sich überall einmal ergeben.

Verjüngung älterer Spindelbüsche

Aufgrund ihres schwachen Wuchses vergreisen Spindelbüsche früher als wüchsigere Baumformen. Auf schwach wachsenden Unterlagen zeigen sich schon nach 8 Standjahren erste Vergreisungen, auf mittelstark wachsenden nach 9 bis 10 Jahren.

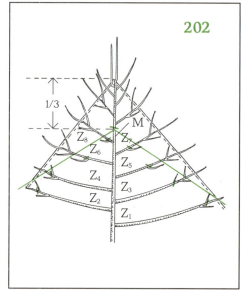

202 *1. Verjüngungsschnitt: Die Krone wird um 1/3 der Höhe unter einem großen Kronenwinkel zurückgenommen. Die Schenkel dieses Winkels (grüne Linie) begrenzen Höhe und Länge der Fruchtzweige*

Man beginnt mit der Verjüngung, indem man den Mittelast *(M)* um etwa 1/3 der Länge zurückschneidet **(202)**. Dabei kann man auch am Ende einen schwachen Seitentrieb stehen lassen. Der Rückschnitt der verbleibenden Fruchtzweige *(Z)* erfolgt unter einem Kronenwinkel, der bei breiten Spindelbüschen größer angelegt wird als bei schmalen. Wichtig ist, daß die unteren Fruchtzweige, die aus der Zeit der einjährigen Krone stammen, kaum, die oberen dagegen stark eingekürzt werden, wobei man sie jeweils auf einen geeigneten Seitentrieb zurücknimmt, der sich als neue Zweigverlängerung eignet. (Die Spitzen des Mittelastes und der Fruchtzweige in **202** zeigen die Entwicklung nach dem letzten Ertragsschnitt.)

Nach dem Freischneiden der neuen Verlängerungstriebe auf 15–20 cm wendet man sich der Verjüngung des Fruchtholzes zu, bei der man

ebenso vorgeht wie beim zuvor beschriebenen Fruchtholzschnitt in der Ertragszeit (vgl. **201**).
Während der nächsten 2 Jahre wird die Krone durch Erziehungsschnitt wieder bis zu ihrer Größe vor der Verjüngung aufgebaut und beim anschließenden Ertragsschnitt 2 bis 3 Jahre lang in dieser Ausdehnung gehalten. Während dieser Zeit sind dann auch Wasserschosse zu beseitigen. Außerdem wird jährlich etwa 1/4 des Fruchtholzes verjüngt. Fruchtbögen schneidet man nach drei- bis viermaligem Ertrag etwa um die Hälfte auf einen jüngeren Oberseitentrieb zurück.
Zum Vergreisen des Fruchtholzes sollte man es nicht kommen lassen. Unproduktiv gewordenes Quirlholz ist deshalb immer wieder um etwa 1/3 zurückzuschneiden und auszulichten, wobei man abwärts gerichtete Teile mit kleinen Knospen beseitigt. Wo sich lange Ringelspieße, die man zum vergreisten Fruchtholz zählen muß, gebildet haben, ist ihr Wegschnitt geboten. Der Astring solcher Sprosse muß unbeschädigt bleiben und wird auf 0,5 cm geschnitten. Dann können sich aus den schlafenden Augen leicht wieder junge Fruchttriebe bilden.
Nach weiteren 4 bis 5 Jahren vertragen und brauchen wüchsige Spindelbüsche eine nochmalige Verjüngung. Der Rückschnitt des Mittelastes und der Fruchtzweige erfolgt dann etwas stärker als bei der 1. Verjüngung. Man wird demnach die früheren Sägewunden mit entfernen. Beim Wiederaufbau der Krone ist wie vorher zu verfahren.

Der Apfelspindelbusch

Obsthecken mit Spindelbüschen

Von den vielen Möglichkeiten, Bäume als Obsthecken zu erziehen, soll hier nur auf die leicht zu pflegende schmale **Längskrone des Spindelbusches** eingegangen werden. Bei dieser ordnet man geeignete Fruchtzweige *(Z)* nur nach 2 Seiten an, so daß sie links und rechts vom Mittelast in einer Linie entlang der Pflanzreihe verlaufen und entsprechend wenig Platz benötigen. Überzählige Langtriebe, die nach vorne oder hinten wachsen, kann man zum Teil in Richtung der Pflanzreihe waagerecht binden.
Für die Längskronenerziehung verwendet man pflanzfertige *Spindelbüsche mit einjähriger Krone* (**203**). Schon beim Pflanzen ist darauf zu achten, daß je 1 kräftiger Seitentrieb oder Fruchtzweig *(Z_1, Z_2)* nach links und nach rechts in die Pflanzreihe gerichtet ist. Diese Triebe sind zur Waagerechten im Winkel von 30° (vgl. unterbrochene Linien) an einen etwa 70 cm hohen Draht, möglichst aus Kunststoff, zu heften und nicht zurückzuschneiden. Dadurch wird ein gleichmäßiger Austrieb erreicht. Konkurrenztriebe *(K)* muß man entfernen. Schwache Triebe kann man bis 40 cm über dem Boden dulden. Die Mittelastverlängerung *(MV)* wird um bis zu 2/3 gekürzt. Das Pflanzbäumchen nach Formierung und Schnitt zeigt **204**. An der Mittelastverlängerung *(M)*

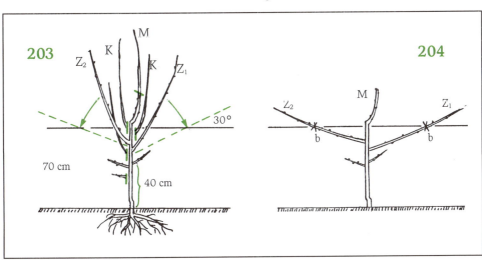

203, 204 *Längskronenerziehung: Spindelbusch mit einjähriger Krone vor und nach Formierung und Pflanzschnitt*

Der Schnitt der Kernobstbäume

genügen 6 bis 7 Knospen. So können sich bereits im Pflanzjahr weitere mittelkräftige Seitentriebe für den weiteren Aufbau bilden.

Die Entwicklung der Längskrone im 1. Jahr zeigt **205**. Im Spitzenbereich finden wir den üblichen Zuwachs; sein Aufbau entspricht der Krone des Pflanzbäumchens **(203)**. Bereits Mitte Juli sollten die Fruchtzweige Z_3 und Z_4 auf 25° zur Waagerechten gebunden werden *(b)*. Konkurrenztriebe schneidet man auf Astring weg. Die Mittelastverlängerung *(M)* wird wieder auf 1/3 ihrer Länge zurückgenommen. Die unteren Fruchtzweige (Z_1, Z_2) haben bereits Blütenknospen angesetzt.

Die Entwicklung im 2. Standjahr veranschaulicht Abb. **206**. Wiederum im Juli werden die nächsten Fruchtzweige (Z_5, Z_6) ausgewählt und auf 20–25° (Pfeile) zur Waagerechten gebunden. Man befestigt sie an einem 2. Draht, der 50 cm über dem 1. gespannt wurde. Den Mitteltrieb *(M)* schneidet man wieder auf 6 bis 7 Knospen an, der Konkurrenztrieb wird entfernt.

Die ältesten Fruchtzweige (Z_1, Z_2) haben nun bereits erste Früchte gebracht. 2 weitere Drähte und 2 bis 3 weitere *Aufbauschnitte* sind noch erforderlich. Wenn die Längskrone mehr als 2 m Höhe erreicht hat, werden Mittelastverlängerung und Konkurrenztrieb waagerecht gebunden, darunter befindliche Steiltriebe entfernt. In der Folgezeit duldet man hier keine starken Schößlinge; Pinzieren, Rosettenschnitt oder Wegschnitt sind möglich.

An den Zweigspitzen darf immer nur 1 Trieb die Führung behalten. Entsprechend ist wegzuschneiden, ab- oder aufzuleiten. Vom 5. bis 10. Standjahr, also während der Zeit des *Ertragsschnittes*, unterbindet man wie beim Spindelbusch jede weitere Ausdehnung. Danach ist mittelstarke Verjüngung um 1/3 der Höhe angezeigt. Es folgen 2 Jahre Aufbauschnitt, 3 Jahre Ertragsschnitt und eine 2. Verjüngung. Anschließend wird weiter verfahren wie vorher. Es empfiehlt sich, die Hecke nur so hoch wachsen zu lassen, daß man alle Arbeiten vom Boden aus verrichten kann. Schließlich liegt einer der Vorteile des Spindelbusches darin, daß er bequeme Pflege und Ernte erlaubt.

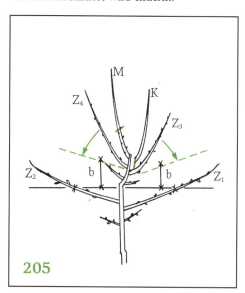

205 *1. Aufbauschnitt (nach dem 1. Standjahr)*

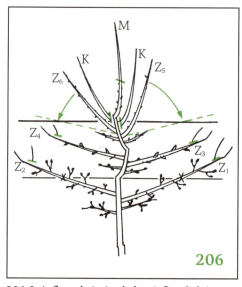

206 *2. Aufbauschnitt (nach dem 2. Standjahr)*

Apfelspindelpyramide

Sorte 'Hasenkopf', 35 Jahre, aus einem wüchsigen Spindelbusch erzogen. Die letzten Jahre wurde wenig geschnitten, so hat sich viel kleines Holz gebildet.

Auslichtungsschnitt: Als Mittelastverlängerung wurde ein tiefer stehender Trieb freigestellt. Unter den Fruchtzweigen mußte ausgelichtet werden. Viele Jungtriebe können nun das überwiegend oberseitige Fruchtholz verjüngen. Ein Auslichten und Ableiten der verbliebenen Zweige war notwendig, Zweigenden und altes Fruchtholz müssen noch ausgelichtet werden.

a

Vergreister Schnurbaum

20 Jahre, 4 m Höhe; oben ist er noch wüchsig und verwildert, unten vergreist. Eine Umerziehung zum Spindelbusch ist sinnvoll.

Starke Verjüngung: Die zweifache Überkrone wurde entfernt, ein schwacher Trieb erhielt die Führung. Das Seitenholz oben ließ man lang, um einen befriedigenden Ertrag zu erhalten. Es sollte dann jährlich etwas zurückgenommen werden, damit das Holz im unteren Kronenbereich aufholen kann.

b

Der Schnitt der Steinobstbäume

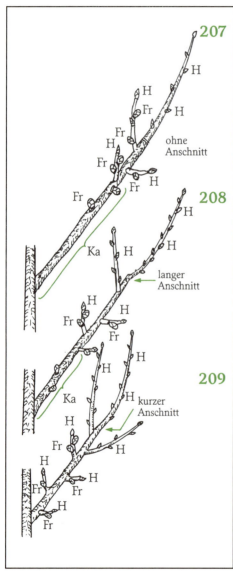

207–209 *Je stärker man die Triebe der Pflaume einkürzt, desto besser ist die sogenannte Garnierung mit Knospen über die ganze Trieblänge*

Kirschen, Pflaumen, Pfirsiche und Aprikosen sind sogenannte Steinfrüchte, deshalb werden diese Obstarten unter dem Begriff Steinobst zusammengefaßt. Ebenso wie Apfel, Birne und Quitte braucht und verträgt das Steinobst regelmäßigen Schnitt, der hier sogar stärker erfolgen muß als beim Kernobst. Da die Knospen der Steinobstbäume meist nur 1 Jahr triebfähig sind, muß ein kräftiger Schnitt dafür sorgen, daß möglichst viele Triebknospen, auch an der Basis, die Chance zum Austrieb erhalten. So läßt sich oft die starke Aufkahlung im Basisbereich und im mittleren Drittel der Äste und Zweige am besten vermeiden. Geschnittene Kronen bleiben zudem verhältnismäßig klein und werfen wenig Schatten.

Beim **Pflanz- und Aufbauschnitt** sind die Leittriebe und die späteren Verlängerungstriebe möglichst um 2/3 zurückzuschneiden. Auch längeres Seitenholz, das Fruchtholz liefern soll, muß man kürzen. *Der Anschnitt erfolgt zwischen den Knospen* (s. S. 29, Abb. **55**). Der stehengebliebene Stummel wird dann nach dem Austrieb gegen Ende Mai entfernt. Nur Pflaumenbäume machen hier eine Ausnahme: Sie können auch wie das Kernobst direkt über der Knospe, also auf Auge, geschnitten werden **(51, 52)**.

Der **Ertragsschnitt** ist mit einer ständigen leichten Verjüngung und damit Verkleinerung der Krone zu verbinden. Dabei leitet man Äste auf und Fruchtzweige ab. Fruchtsprosse sind nur 2 bis 3 Jahre fruchtungsfähig, so daß eine laufende Erneuerung wichtig ist. Die Blütenknospen enthalten nur Blütenorgane und sind oft von Holzknospen begleitet, die neben oder zwischen ihnen stehen. Bei Bukettknospen umgeben mehrere Blütenknospen eine Holzknospe (vgl. auch S. 19, Abb. **39, 40)**.

Die Pflaume oder Zwetsche

Diese Obstart mitsamt ihren Unterarten und Varietäten (Mirabelle, Reneklode) neigt auf den üblichen, mehr oder weniger stark wachsenden Unterlagen zum Steilwuchs und zu starker Aufkahlung an der Basis, wenn kein sachgemäßer Schnitt erfolgt.

In den Bauerngärten wurden früher Pflaumenbäume im allgemeinen nicht geschnitten. Daraus wird heute mitunter noch geschlossen, daß sie den Schnitt weder brauchen noch vertragen. Das Ge-

genteil ist richtig! Schaut man sich einen alten Pflaumenbaum an, so fallen die vielen Vergabelungen und die kahlen Äste besonders auf, zu denen es bei sachgemäßem Schnitt nicht gekommen wäre.

Die Schnittregeln für den Apfelbuschbaum können größtenteils übernommen werden. Dabei ist allerdings ein wichtiger Unterschied bei den Knospen zu beachten. Die Holz- oder Triebknospen sind im Gegensatz zu denen des Apfels nur 1 Jahr triebfähig. Kommen sie im nächsten Jahr wegen zu langer, steiler Triebe an der Basis nicht zum Austrieb, verkahlen die Stellen, an denen sie sitzen *(Ka)*. Auch dort, wo sich nur die ovalen reinen Blüten- oder Fruchtknospen **(207:** *Fr)* haben bilden können, fehlt nach der Ernte jeder Austrieb. Lang, also nur um 1/3 angeschnittene Triebe **(208)** schaffen es mitunter auch nicht, bis zur Basis triebfähige Fruchtspieße mit Holz- oder Triebknospen *(H)* zu bilden. Wird dagegen kurz, das heißt auf 1/3, angeschnitten **(209),** bleibt die Verkahlung im unteren Bereich aus.

Eine andere Methode ist der sehr kurze Anschnitt auf 4 Knospen, wie er in Beispiel **213** an *S, ST* und *R* gezeigt wird. Man erhält dann zwar nur wenige Austriebe, hat aber die Möglichkeit, auf einen unteren, kürzeren Trieb abzuleiten **(214:** *F)*, an dem alle Knospen austreiben. Diese Methode wird auch *2-Jahres-Schnitt* genannt (s. auch S. 94).

Die Pflaume oder Zwetsche

Pflanzschnitt

Steilwüchsige Sorten entwickeln sich ohne Formierung am besten mit Hohlkrone **(210).** Das Kroneninnere wird dann gut belichtet. 3 bis 5 Leittriebe *(L)* sind möglich. Man kürzt sie um 2/3–1/2 der Länge auf eine Außenknospe und bringt sie in die Saftwaage *(SW).* Generell schneidet man etwas kürzer als beim Apfel.

Werden die Leittriebe dagegen abgespreizt **(211),** wobei der Spreizwinkel mindestens 45° betragen sollte, kürzt man sie nur um 1/2–1/3 der Länge ein. Auf den Mittelast *(M)* braucht man dann zunächst nicht zu verzichten. Dies gilt auch für Kronen, die von Natur aus flacher gerichtete Leittriebe besitzen. Nach 4 bis 5 Jahren sollte der Mittelast jedoch entfernt werden, weil er grundsätzlich zu starkem Höhenwuchs neigt.

Als weitere Möglichkeit für die Kultur der Pflaumen im Garten gibt es den Spindelbusch **(212)** auf mittelstark wachsenden Unterlagen. Der Schnitt erfolgt wie beim Apfelspindelbusch.

Doch ganz gleich, welche Baum- oder Kronenform man wählt, eines sollte man beim Pflanzschnitt nicht vergessen: alle Wunden müssen sorgfältig mit einem Verschlußmittel bestrichen werden.

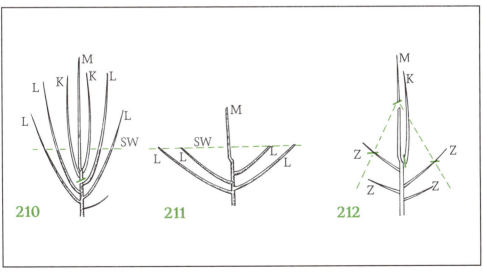

210 *Hohlkrone; Vorgehen beim Pflanzschnitt*

211 *Pyramidenkrone; Abspreizen und Pflanzschnitt*

212 *Spindelbusch; Vorgehen beim Pflanzschnitt*

Pflaumenhalbstamm

Sorte 'Hauszwetsche', einjährige Krone mit typischem Steilwuchs; 1 Mittelast, 1 Konkurrenztrieb, 3 Seitentriebe, davon 1 flach und 2 steil.

Pflanzschnitt: Der Konkurrenztrieb wurde auf Astring entfernt, der flache Seitentrieb aufgebunden. Den mittleren Seiten- oder Leittrieb schnitt man auf etwa halbe Länge und auf eine äußere Knospe, die übrigen beiden Leittriebe auf gleiche Höhe (Saftwaage) und ebenfalls eine äußere Knospe. Der Mitteltrieb wurde knapp scherenlang darüber weggenommen.

a

Pflaumenbaum

Die 'Hauszwetsche' bildet gern steile Gabeltriebe, die sich schnell verdicken und wieder durch Gabeltriebe verlängern. Deshalb sollte in den ersten 3 bis 4 Jahren regelmäßig ein Aufbauschnitt erfolgen.

c

Pflaumenhalbstamm

'Hauszwetsche' auf Myrobalane-Unterlage, einjährige Krone. So darf man das Bäumchen nicht belassen: Der Mittelast ist zu lang, 7 Leittriebe sind zu viel. Besonders störend sind die steilen, dicken Konkurrenztriebe.

Korrektur durch nachträglichen *Pflanzschnitt:* Da die Mittelastverlängerung stark beschädigt war, wurde auf sie verzichtet. Sie und die beiden Konkurrenztriebe konnten mit einem Schnitt beseitigt werden. Der neue Mitteltrieb hat die richtige Länge. Ein Überlagerungs-Seitentrieb mußte entfernt werden, die Leittriebe wurden sachgemäß abgeschnitten.

b

Nachträglicher *Aufbauschnitt* zur Korrektur: Die Konkurrenz- und Gabelzweige wurden entfernt. In zwei Fällen war ein Ableiten am günstigsten (unteres Viertel rechts, Mitte links). Die zukünftigen Leitäste wurden angeschnitten, der Mittelast endet kurz darüber. Ansonsten wurde kräftig ausgelichtet.

c

Der Schnitt der Steinobstbäume

Aufbau- oder Erziehungsschnitt

Den Aufbauschnitt führt man bei Pflaumenbäumen nur 3 bis 4 Jahre durch, wobei die Arbeiten teils im Sommer, teils im Februar/März durchgeführt werden.

Die folgenden Ausführungen beziehen sich auf die Pyramidenvollkrone.

1. Aufbauschnitt: Die Entwicklung nach dem Pflanzschnitt (211) sowie alle Maßnahmen im 1. Standjahr zeigt 213, jedoch nur für den Mittelast *(M)* und einen Leitast *(L$_2$)*. Die übrigen Leitäste sind nach den gleichen Regeln zu behandeln.

Im 1. Sommer kann man die zukünftigen Äste noch formieren und Steiltriebe *(ST)* am Mittelast waagerecht oder auch tiefer binden. Weggeschnitten wird aber noch nichts.

Im Februar/März entfernt man Konkurrenztriebe *(K)*, an den Leitästen *(L)* mit Astring, am Mittelast *(M)* auf Astring. Hat man das Herunterbinden der Steiltriebe *(ST)* im Sommer versäumt, besteht jetzt die Möglichkeit des 2-Jahres-Schnittes auf 4 Knospen. Auch längere Seitentriebe *(S)* und mäßig wachsende Oberseitentriebe *(R)* am Leitast *(L$_2$)* kann man auf 4 Knospen anschneiden. Reitertriebe *(R)*, die zu nahe an der Astspitze stehen, müssen jedoch ganz entfernt werden. Wie der 2-Jahres-Schnitt weiter zu behandeln ist, kann der Abb. 214 entnommen werden. Man leitet auf einen flachen Trieb *(F)* ab; das kurze Seitenholz am Leitast wird nicht geschnitten.

Die Leittriebe *(L)* kürzt man um etwa 1/2–1/3 auf eine Außenknospe ein und bringt sie dabei auf Saftwaage *(SW)*. Die Mittelastverlängerung *(M)* wird etwa scherenlang über der Saftwaage angeschnitten, meist auf eine Knospe über der vorjährigen Schnittstelle.

Beim 2. bis 4. Aufbauschnitt wird die Krone etwa wie beim Apfel behandelt, doch unter Berücksichtigung der Besonderheiten, wie sie beim 1. Aufbauschnitt dargelegt wurden. Im Sommer kommt zum Formieren und Binden noch der Wegschnitt der Konkurrenztriebe. Der Anschnitt der Verlängerungstriebe und der 2-Jahres-Schnitt bleiben dem Spätwinter vorbehalten.

Von der Möglichkeit, an den Leitästen *Nebenäste* aufzubauen, sollte Gebrauch gemacht werden. Schon im Sommer werden sie auf 30° zur Waagerechten formiert, im Spätwinter angeschnitten. Wer sich vom Mittelast zunächst nicht trennen will, kann an ihm ebenfalls einzelne Nebenäste aufbauen, womit man ab dem 3. Standjahr beginnt. Der senkrechte Abstand zum untersten Leitast sollte mindestens 80 cm betragen.

Ertrags- oder Erhaltungsschnitt

Hierbei kann wie beim Apfelbaum geschnitten werden, doch sollte sich die Krone nur noch wenig ausdehnen. Vom 5. bis 10., in manchen Fällen bis zum 15. Standjahr sind die Verlängerungstriebe

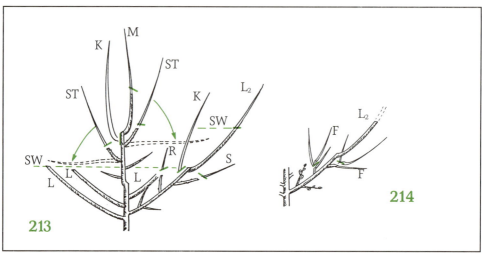

213, 214 *Der 1. Aufbauschnitt wird im 1. Standjahr durchgeführt* (213). 214 *zeigt an einem der Leitäste den 2-Jahres-Schnitt im darauffolgenden Jahr*

Pflaumenhalbstamm

'Hauszwetsche', 10 Jahre, schlechter Kronenaufbau; die obere Kronenhälfte ist zu stark entwickelt, unten beginnt die Vergreisung.

Ertragsschnitt mit leichter Verjüngung: In der Mitte oben, links und rechts wurden steile Zweige entfernt. Der Mittelast konnte auf einen schwachen Trieb geschnitten werden. Dieser zeigt zwar nicht in die Mittelachse, er wird jedoch einen geeigneten Seitentrieb bilden. Die Leitastenden müssen noch auf ansteigende Triebe freigestellt werden.

a

Pflaumenbuschbaum

'Hauszwetsche', 7 Jahre; die Krone enthält zu viele Leitäste. Der Besitzer wünscht eine Höhenbegrenzung auf 2 m.

Ertragsschnitt im Sommer: Der Mittelast wurde so eingekürzt, daß eine kombinierte Krone entstand. Dabei konnten gleich 2 der oberen Leitäste mit entfernt werden. Die Leitastenden wurden auf 2 m Höhe abgeleitet, Nebenäste und Fruchtzweige etwas eingekürzt. Im nächsten Jahr sollte das Fruchtholz bereits verjüngt werden.

b

Der Schnitt der Steinobstbäume

der **Leit- und Nebenäste** *(L, N)* nicht mehr anzuschneiden **(215)**. Vielmehr entfernt man Verlängerungs- und Konkurrenztriebe (unterbrochen gezeichnet) bis zu einem tiefer stehenden Trieb, den man nicht anzuschneiden braucht.

Vom **Mittelast** sollte man sich nun teilweise oder ganz trennen oder wenigstens den Höhenwuchs stoppen. Hierzu bindet man im Sommer die obersten Steiltriebe, also *M* und *K*, waagerecht. Sich hier erneut bildende Steiltriebe werden entfernt, da sie die Entwicklung von Fruchtruten und -spießen behindern, nach einigen Jahren die Krone überbauen und so das Innere beschatten.

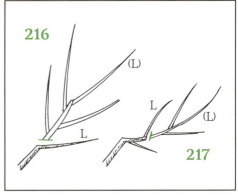

216, 217 *Nach 10 bis 15 Jahren erfolgt eine leichte Verjüngung; starke Endtriebe werden entfernt* **(216)**, *flache Leitäste werden aufgeleitet* **(217)**

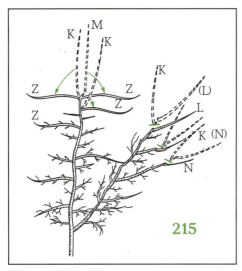

215 *Ertragsschnitt beim Pflaumenbaum (Pyramidenkrone)*

und Nebenäste **(216:** *L, N)* von den stärksten Endtrieben. Steht ein Endtrieb zu flach **(217)**, wird er im nächsten Jahr auf einen Oberseitentrieb aufgeleitet. Die Krone sollte nicht höher werden, deshalb bindet man entweder die obersten Triebe herunter **(215)** oder setzt den Mittelast auf einen tieferen, schwachen Trieb oder Zweig zurück **(218)**. (Siehe auch S. 95, Abb. **a**.)

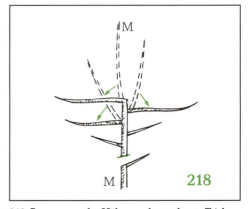

218 *Begrenzung des Höhenwuchses: oberste Triebe waagerecht binden oder Mittelast einkürzen*

Schnitt alter Pflaumenbäume

Nach 15 bis 20 Standjahren brauchen Pflaumenbäume meist eine mittelstarke Verjüngung. Dazu wird die Krone mindestens um 1/4 zurückgesetzt, wobei man stets auf eine Abzweigung schneidet. Ansonsten wird verfahren wie im Kapitel »Verjüngung gepflegter Bäume« beschrieben (vgl. auch nebenstehende Abb.).

Fruchtholz ist ab dem 5. Standjahr, sobald es dreimal gefruchtet hat, zu kürzen und dabei auf Oberseitentriebe aufzuleiten. Bei zu dichtem Stand werden hängende Teile ganz entfernt (vgl. dazu auch »Sommerschnitt«, S. 57 und S. 95, Abb. **b**). Kräftige Seitentriebe im Spitzenbereich sollte man im Sommer waagerecht binden oder im Frühjahr dem 2-Jahres-Schnitt unterziehen. Lange, dünne Seitentriebe im Basisbereich sind mittellang anzuschneiden, da sie dann mehr Fruchtholz bringen. Eine **leichte Verjüngung** ist nach dem 10. bis 15. Standjahr meist nötig, da dann basisnahes Fruchtholz häufig abstirbt. Dazu befreit man Leit-

Pflaumenhalbstamm
'Hauszwetsche', 35 Jahre, vergreist und zu hoch; die Krone ist locker aufgebaut, aber an den Astenden zu dicht.

Verjüngung: Nach Absägen des oberen »Kopfes«, einschließlich des starken Astes links, wurden die übrigen Äste ausgelichtet. Hauptsächlich kam es darauf an, das älteste, schwächste, meist hängende Fruchtholz herauszunehmen. Die Krone verlor rund 1/3 ihres Holzes, was ein Pflaumenbaum durchaus verträgt.

a

Derselbe Pflaumenbaum
4 Jahre später; inzwischen erfolgten noch 2 weitere Verjüngungen, die letzte 2 Jahre zuvor. Im Vorjahr wurde der Wegschnitt der Wasserschosse leider versäumt.

Eine *Verjüngung* in Etappen ist sehr zu empfehlen, nicht zuletzt, weil eine flache, breite Krone bei Pflegearbeiten mehr Sicherheit bietet. Wasserschosse auf dickem Holz wurden hier mit Astring entfernt. Starke Triebe aus dem Seiten- oder Fruchtholz kann man dulden. Ein mäßiges Einkürzen verbessert die Triebfähigkeit an der Basis. Alte, hängende Fruchtbögen sind immer wieder zu entfernen.

b

Der Schnitt der Steinobstbäume

Geht es um vernachlässigte, wenig geschnittene Kronen, dann gelten die beim **Auslichtungs- und Verjüngungsschnitt** ungepflegter Kronen genannten Maßnahmen und Regeln. Meist ist eine starke Verjüngung notwendig. Man schneidet die Krone dann um 1/3 zurück. Den Mittelast kann man zunächst um die Hälfte kürzen und später ganz herausnehmen, besonders bei engen Kronen. Lohnend ist der Schnitt nur noch bei triebfähigen Bäumen, die wenigstens 20 cm lange Endtriebe gebildet haben.

Viel Arbeit hat man mit dem Fruchtholz, das meist in mehreren Schichten aufeinanderliegt, wie es am Fruchtzweig in Beispiel **219** zu sehen ist. Im Verlauf von etwa 3 Jahren sollten alle hängenden, dünnen, unproduktiv gewordenen, aufgekahlten Teile beseitigt werden. Man beginnt an der Unterseite, an der man die hängenden Fruchtzweige zunächst mit größeren Schnitten aufleitet (einfacher Schnittstrich). Im nächsten Jahr setzt man das Aufleiten fort (doppelter Schnittstrich). Danach kann man schon mehr auf Jungtriebe schneiden und altes Fruchtholz verstärkt beseitigen.

Überalterte Bäume, die nicht mehr gesund sind und kaum noch junge Sprosse bilden, vertragen keinen stärkeren Schnitt mehr. Man kann sie dann noch einige Jahre nutzen, wobei sich die Pflege auf sparsames Auslichten beschränkt. Im oberen Kronenbereich sind Steilzweige und sich überlagerndes Holz zu beseitigen, unten entfernt man stark hängende Teile, insbesondere abgestorbenes, schwaches, dicht stehendes Unterseitenholz, das kaum noch Früchte bringt.

Die Sauerkirsche

Im Hinblick auf den Schnitt unterscheidet man zweckmäßigerweise drei Sortengruppen, von denen hier jeweils die wichtigste Sorte genannt ist:
a) Die zu starker Aufkahlung der Fruchtzweige neigende 'Schattenmorelle' ist regelmäßig stark zu schneiden. Ohne mehrfachen Anschnitt in der

219 Auslichtungsschnitt an einem vergreisten Fruchtzweig

Aufbauzeit bleiben die Äste zu schwach. Der starke Schnitt verzögert allerdings die Bildung von Blütenknospen. Da die 'Schattenmorelle' immer noch die wichtigste Sauerkirschsorte ist, wird ihr Schnitt hier am ausführlichsten behandelt.

b) Wenig zur Aufkahlung neigt 'Morellenfeuer'. Sie trägt am ein- und mehrjährigen Holz und braucht deshalb weniger Schnitt. Die steilen Äste sollten abgespreizt oder abgeleitet werden. In manchen Fällen ist es günstig, sich vom Mittelast zu trennen.

c) 'Köröser Weichsel' verzweigt sich gut, bringt wie die Süßkirschen viele Bukettknospen und kann wie sie geschnitten werden.

Anfangs wachsen Sauerkirschen stark und treiben viele vorzeitige Triebe. Nur wenn junge Bäume kurz bzw. stark geschnitten werden, kommt es zur Bildung kräftiger Triebe mit Holz- oder Triebknospen auf der gesamten Länge. Dann ist es auch möglich, in den ersten 3 Standjahren eine gut verzweigte Krone aufzubauen. Wenn man die 'Schattenmorelle' dagegen lang bzw. schwach schneidet, gibt es schon bald einzelne Blütenknospen (die schwer von den Triebknospen zu unterscheiden sind, da es sich um eine rundknospige Sorte handelt). Der Baum fruchtet in diesem Fall zwar früh, das Wachstum beginnt jedoch zu stagnieren, und der Kronenaufbau ist gefährdet. Bei Bäumen anderer Sorten kann der Aufbauschnitt 4 bis 5 Jahre durchgeführt werden, wobei man nicht allzu stark schneidet, doch die Entwicklung stabiler Äste anstrebt.

Alle Triebe enden in einer Terminal- oder Triebknospe **(220–222: *T*)**. Junge Schattenmorellen-

Die Sauerkirsche

Bäume tragen etwa bis zum 3. Standjahr an einjährigen Trieben nur Trieb- oder Holzknospen, so daß über jeder Knospe geschnitten werden kann. Kurzer Schnitt bringt einen kräftigen Verlängerungstrieb und mehrere Seitentriebe mit Holzknospen. Nach dem 3. Standjahr werden an den einjährigen Trieben **(220)** der 'Schattenmorelle' zunehmend Blütenknospen *(Fr)* gebildet; dazwischen finden sich einzelne Holzknospen *(H)*, deren Anzahl bei schwachem Wuchs gering bleibt. Im nächsten Jahr **(221)** sieht man dort, wo sich vorher Blütenknospen befanden, nur noch kahle Stellen *(Ka)*. Aus den Holzknospen haben sich kurze Bukettzweige *(Bu)* und etwas längere Triebe mit Blütenknospen entwickelt. Mit zunehmendem Alter oder bei abnehmender Wuchskraft werden die Triebe kürzer **(222)** und bringen schließlich, abgesehen von der Triebknospe an der Spitze, nur noch Blütenknospen. Die mehrjährigen Fruchttriebe hängen anfangs bogenartig über, später dann peitschenartig nach unten. Solche »Peitschentriebe« sollten 4 Jahre genutzt werden. Wenn man den Schnitt auf die genannte Weise durchführt, befriedigt der Baum in jeder Hinsicht, vor allem auch, was Menge und Güte der Früchte betrifft. Zudem wird die Gefahr des Befalls durch die Monilia-Spitzendürre herabgesetzt. Die 'Schattenmorelle' ist für diese Fruchtholzkrankheit besonders anfällig, was aber ihre Beliebtheit nicht mindert, da ihre Früchte zu den besten Verwertungsfrüchten im Garten gehören.

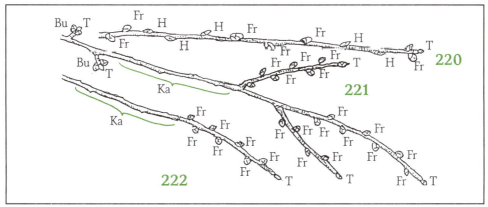

220–222 *Zweigentwicklung bei der Schattenmorelle:* **220** *einjähriger Trieb;* **221** *Zweig mit ein- und zweijährigem Abschnitt an jüngerem Baum;* **222** *ein- und zweijähriger Zweigabschnitt an älterem Baum*

Der Schnitt der Steinobstbäume

Pflanzschnitt

Als Pflanzware werden ein-, zwei- und dreijährige Veredlungen angeboten.

Einjährige Veredlung (223): Das 'Schattenmorellen'-Bäumchen zeigt am Mittelast *(M)* viele vorzeitige Triebe *(Vo)*, dazwischen befinden sich noch triebfähige Knospen für das nächste Jahr. Da die Triebe fast alle in spitzem Winkel ansetzen, eignen sie sich als spätere Leitäste nur bedingt.

Es kann auf verschiedene Weise geschnitten werden. In jedem Fall wird jedoch der Stamm durch das Entfernen der Triebe in den unteren 70–80 cm »aufgeputzt«, so daß man einen Hochbusch erhält. Beim Pflanzschnitt kann man nun alle vorzeitigen Triebe auf Astring entfernen und den Mitteltrieb *(M)* etwa auf 1 m über dem Boden anschneiden **(224)**, was besonders bei schwachem Wuchs ratsam ist. Die andere Möglichkeit **(225)**, nämlich den Stamm freizuschneiden, 4 vorzeitige Triebe *(Vo)* auf 2 bis 4 Knospen zurückzunehmen und den Mittelast 1 m über dem Boden anzuschneiden, hat Bedeutung bei mittelstarkem Wuchs.

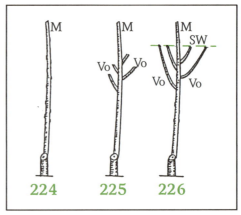

224–226 Drei verschiedene Methoden des Pflanzschnittes

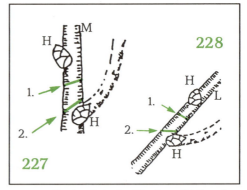

227, 228 Der Anschnitt des Mittelastes (227) und der Leitäste (228) erfolgt zwischen den Knospen

Wüchsige Bäume behandelt man dagegen, wie in **226** gezeigt: Der Stamm wird freigeschnitten, 4 vorzeitige Triebe werden auf Saftwaage *(SW)* gekürzt. Den Mitteltrieb schneidet man scherenlang darüber an.

Es gibt jedoch noch eine andere empfehlenswerte Methode: Unterhalb der Anschnittstelle **(223: S)** bleiben im 1. Standjahr alle vorzeitigen Triebe *(Vo)* stehen. Der Freischnitt des Stammes auf Hochbusch erfolgt zu Beginn des 2. Standjahres, Auswahl und Anschnitt der Äste führt man zu Beginn des 3. Standjahres durch.

Beim Anschnitt der Triebe ist zwischen den Knospen zu schneiden, sowohl am Mittelast **(227: M)** als auch an den Leittrieben **(228: L)**. Den Anschnitt *(1.)* nimmt man Anfang März vor; der Nachschnitt *(2.)* zur Entfernung des Stummels erfolgt etwa Mitte Mai.

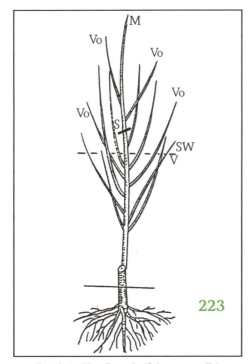

223 Einjährige Veredlung der 'Schattenmorelle'

Sauerkirschenbuschbaum
'Schattenmorelle', einjährige Krone mit vielen vorzeitigen Trieben (links).

Pflanzschnitt (1): Der Konkurrenztrieb (halb links) wurde entfernt. 2 Seitentriebe (links und rechts) und 2 vorzeitige Triebe bilden nun die Leittriebe, die auf etwa halbe Länge und auf Saftwaage geschnitten wurden. Der Mitteltrieb endet scherenlang darüber. Die vorzeitigen Triebe wurden etwas gekürzt.

Pflanzschnitt (2): Lassen sich die 3 kräftigen Triebe zu einer Hohlkrone formieren, dann bleiben alle stehen, wie es hier geschehen ist. Hinzugenommen wurde noch der linke untere Seitentrieb, der andere wurde entfernt. Den rechten Leittrieb konnte man gut auf Außentrieb ableiten. Der Rückschnitt erfolgte wie bei der anderen Variante.

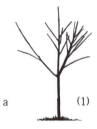
a   (1)

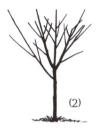
(2)

Sauerkirschenbuschbaum
Nach dem 1. Standjahr, schlecht aufgebaut; man muß ihn 2 bis 3 Jahre stark zurückschneiden, damit sich kräftige Holztriebe und reichlich Verzweigungen bilden.

1. Aufbauschnitt: Die untersten Triebe mußten entfernt werden, damit die Mindeststammhöhe von 70 cm erreicht werden konnte. In der Mitte wählte man 4 Leittriebe aus und kürzte sie stark ein, wobei man sie auf eine Außenknospe und auf Saftwaage schnitt. 3 schwächere, kürzere Triebe bringen den ersten Fruchtertrag. Der Mittelast wurde stark zurückgenommen, und zwar auf einen geeigneten Trieb, dem man 6 Augen ließ. Er überragt die Saftwaage nur wenig.

b

Der Schnitt der Steinobstbäume

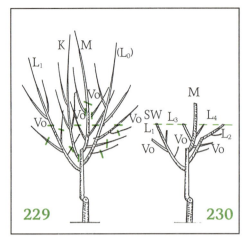

229, 230 'Schattenmorelle', zweijährige Veredlung mit einjähriger Krone, vor und nach dem Pflanzschnitt; die Leittriebe werden auf Saftwaage gebracht

Zweijährige Veredlung einer 'Schattenmorelle' mit einjähriger Krone **(229)**: Der Konkurrenztrieb *(K)* wird auf Astring entfernt. Der linke Leitast *(L_1)* steht in unserem Beispiel gut, der rechte *(L_0)* zu steil. Daher sollte man ihn abspreizen oder auf L_2 ableiten. Von den vorzeitigen Trieben des letzten Jahres wählt man 2 weitere als zukünftige Leitäste, die man um 2/3, also stark, auf Saftwaage zurückschneidet. Störende vorzeitige Triebe *(Vo)* werden entfernt **(230)**, andere auf mindestens halbe Länge gekürzt. Der Mittelast endet knapp scherenlang über der Saftwaage. (Vgl. dazu auch S. 101, Abb. **a1**)
Dreijährige Veredlung von 'Morellenfeuer' mit zweijähriger Krone **(231)**: Durch Steilwuchs ist hier eine enge Krone entstanden. Die Leittriebe *(L)* sollte man abspreizen und ableiten, wie es in Abb. **233** gezeigt ist. Wird dagegen ohne diese Behandlung geschnitten (vgl. **232**), sollte der Mittelast nach der Aufbauzeit entfernt werden. Leittriebe kürzt man im Mittel gut um die Hälfte ein. Der Mittelast kann etwas länger angeschnitten werden als bei der 'Schattenmorelle'.

Aufbau- oder Erziehungsschnitt

Geht man von einer zweijährigen Veredlung mit einjähriger Krone aus **(229)**, so sind an der 'Schattenmorelle' bei kurzem Anschnitt, also bei Einkürzen um 2/3, nur 3, höchstens 4 Aufbauschnitte möglich, bei 'Morellenfeuer' etwa 5. Junge Seitentriebe kürzt man in der Aufbauzeit um 1/3–1/2, um mehr basisnahe Verzweigungen zu bekommen. (Vgl. S. 101, Abb. **b**, und S. 104, Abb. **a**.)
Ab dem 2. bis 3. Erziehungsschnitt sollte man mit dem **Aufbau der Nebenäste (234: *N*)** beginnen,

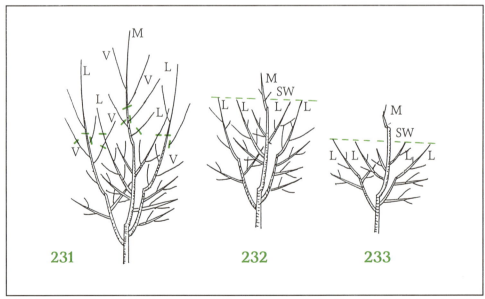

231–233 'Morellenfeuer', dreijährige Veredlung **(231)**; am günstigsten ist das Abspreizen der Leitäste mit Ableiten auf Saftwaage **(233)**; andernfalls setzt man die Saftwaage höher an **(232)** und entfernt später den Mittelast

Die Sauerkirsche

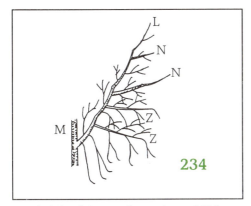

234 *An jedem Leitast werden wenigstens 2 Nebenäste aufgebaut*

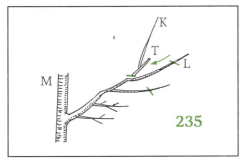

235 *Wenn die Endknospe nicht austreibt, wird auf einen Seitentrieb abgeleitet*

von denen jeder Leitast (L) 2 bis 3 tragen kann. Stellt man bald nach dem Austrieb fest, daß die Endknospe (**235: T**) keine Triebknospe war oder aus anderen Gründen keinen Verlängerungstrieb für den Leitast (L) gebracht hat, dann sollte man bereits Mitte Mai auf einen geeigneten Außentrieb ableiten, der den Leitast (L) ohne seitliche Abweichung weiterführt.

Falls Bäume nach 2 bis 3 Aufbauschnitten kaum größer geworden sind als nach dem Pflanzschnitt, empfiehlt sich eine **Verjüngung**, wobei alle Äste wenigstens um 1/3 auf Abzweigung zurückgeschnitten werden; die Leittriebe sind dabei auf Saftwaage zu bringen. Wenn der Baum auf diesen Eingriff nicht mit kräftigem Durchtrieb reagiert, lohnt sich die Weiterpflege nicht mehr.

Ertrags- oder Erhaltungsschnitt

Ab dem 4. bis 6. Standjahr (**236**) werden Astverlängerungen (L_0) nicht mehr angeschnitten. Vielmehr leitet man sie nun auf einen flacheren Außentrieb ab (S), wobei man wiederum die Saftwaage anstrebt. (Vgl. auch S. 104, Abb. **b**.)

Sobald die ersten **Seiten- oder Peitschentriebe** (P) die 4. Ernte gebracht haben (**236**), sind sie wegzuschneiden, möglichst auf einen basisnahen Jungtrieb (P_1), eine Bukettknospe (P_2) oder einen 2 cm langen Stummel (P_3). Dies geschieht in der Hoffnung, daß sich aus den Beiaugen Jungwuchs bildet. Danach schneidet man den Stummel weg. Zweige mit Bukettknospen kann man länger dulden als die »Peitschen«. Stummel ohne Austrieb werden bereits im Mai entfernt.

Der **Mittelast** (M) ist durch den Stummelschnitt (St) in Zickzack-Form gewachsen (**237**).

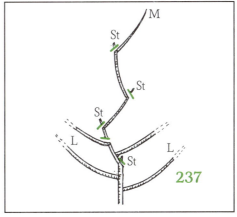

237 *Mittelläste, die aufgrund eines Stummelschnittes in Zickzackform gewachsen sind, sollte man bis zum nächsttieferen Leitast wegnehmen*

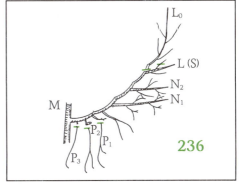

236 *Peitschentriebe sollten nach der 3. bis 4. Ernte entfernt werden*

Sauerkirschenbuschbaum
'Schattenmorelle', Hohlkrone, zweijährig; diese Kronenform sagt Sauerkirschen besonders zu. Die zukünftigen Leitäste sind gut verteilt und sollten noch zweimal kurz angeschnitten werden.

1. Aufbauschnitt: Das Zurücksetzen der zukünftigen Leitäste erfolgte auf etwas tiefer stehende, wüchsige Holzaußentriebe, die die Krone weit öffnen. Das starke Einkürzen dieser Triebe auf Saftwaage und auf Außenknospe war notwendig, um mehr Verzweigungen zu bekommen. Überzählige, tiefer stehende, schwächere Seitentriebe bleiben ohne Anschnitt. Zum Teil haben sie bereits Blütenknospen gebildet und weisen kaum noch Triebknospen auf.

a

Sauerkirschenbuschbaum
'Schattenmorelle', vierjährige Krone; der Baum wurde vor 2 Jahren verpflanzt und hat es gut überstanden. Nach der Ernte kann der Erziehungsschnitt beginnen, am günstigsten Ende August. Bei kleinen Kronen erkennt man auch im belaubten Zustand, was in der Krone störend ist.

1. Ertragsschnitt: Der Kronenaufbau erfolgte sachgemäß. Zu tief hängende Triebe wurden eingekürzt (auf Abzweigung) oder weggeschnitten. Nach innen strebende Langtriebe und stärkere Vergabelungen an den Astenden sollten nicht stehenbleiben. Junge Triebe werden nicht mehr angeschnitten.

b

Sauerkirsche

'Schattenmorelle', 15 Jahre, mehrmals nicht geschnitten; eine Vielzahl von Peitschentrieben hält im Sommer Licht und Luft ab und begünstigt so Krankheitsbefall.

Auslichtungsschnitt: Die verzweigten Enden wurden auf einen Trieb abgeleitet, die längsten, schwächsten Peitschen herausgenommen. Ein Schnittzeitpunkt im Spätwinter kann besonders dem Anfänger empfohlen werden, weil die Krone dann übersichtlich ist.

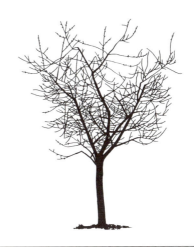

a

Sauerkirschenhalbstamm

Auf Mahaleb-Unterlage (Steinweichsel) veredelt, 30 Jahre; es haben sich mehrere Steiläste mit Zweigen und sehr vielen Peitschentrieben gebildet.

Ein *Verjüngungsschnitt* im Sommer wird gut vertragen. Steile Äste wurden hier um die Hälfte gekürzt, sich überlagernde Zweige herausgenommen. Es folgten die längsten und ältesten Peitschen. Insgesamt verlor der Baum 2/3 seiner Krone. Junge Triebe blieben ungekürzt.

b

Der Schnitt der Steinobstbäume

Er wird nach dem 4. bis 6. Standjahr möglichst weggenommen. Das Kroneninnere erhält dann wieder mehr Licht, bringt verstärkt Neutriebe und Früchte von besserer Qualität.

Immer wieder muß ausgelichtet werden, vor allem Reitertriebe und Wasserschosse sind zu entfernen. Bei stark wachsenden Bäumen sollte, um den Trieb zu bremsen, der Ertragsschnitt gleich nach der Ernte vorgenommen werden, bei schwachem Wuchs im September oder Anfang März, wodurch der Austrieb gefördert wird. Da im belaubten Zustand die Übersicht erschwert ist, kann ansonsten im Spätwinter geschnitten werden.

Verjüngungsschnitt

Ab dem 10. Standjahr kann eine **schwache Verjüngung** angebracht sein, sobald sich basisnah an den Ästen Aufkahlungen zeigen. Zunächst wäre der Mittelast herauszunehmen, falls das noch nicht geschehen ist. Mindestens aber sind die wüchsigen Triebe und Zweige (**238:** *S*) an der Spitze des Mittelastes *(M)* herauszuschneiden. Auch die wüchsigen Verlängerungstriebe der Leit- und Nebenäste mit ihren starken Seitentrieben muß man entfernen. Bei einem obenstehenden

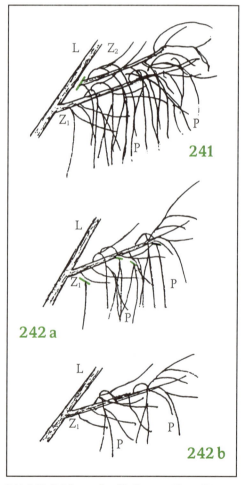

238 *Schwache Verjüngung: Wüchsige Triebe am Mittelast werden weggeschnitten* (**238**); *Leit- und Nebenäste leitet man je nach Abgangswinkel ab* (**239**) *oder auf* (**240**)

241, 242 *Bei der starken Verjüngung älterer Bäume werden Überlagerungszweige entfernt* (**241**) *und die Peitschentriebe an den Zweigen um die Hälfte reduziert* (**242 a**). *Das Ergebnis zeigt* **242 b**

oder ansteigenden Ast ist abzuleiten (239), bei einem tiefer stehenden oder flachen Ast aufzuleiten (240). Sauerkirschenbäume mit hängendem Wuchs und der Neigung zu starkem Aufkahlen haben diese Schnitte besonders nötig.

Eine **starke Verjüngung** wird nach 15 bis 20 Jahren fällig. Nun muß man die Äste um 1/3 kürzen, auf Abzweigung schneiden und auslichten. Von den Peitschentrieben *(P)* entfernt man mindestens 30%, bei alten, vernachlässigten Bäumen (241) mehr als 50%. Überlagern sich Zweige *(Z)* mit vielen »Peitschen«, so sägt man einen davon *(Z₂)* ab. Bei Bedarf wird zusätzlich ausgelichtet (242 *a, b*). Ratsam ist es, die Peitschenzweige nach 4 Jahren zu entfernen und Steiltriebe zu beseitigen. Völlig heruntergekommene Kronen kann man bis zu einzelnen Wasserschossen »abwerfen«, die dann die Kronenäste bilden. Auf jede starke Verjüngung folgen 2 Jahre Aufbauschnitt und 2 bis 3 Jahre Ertragsschnitt. Danach wird wieder eine leichte, später eine stärkere Verjüngung durchgeführt. Verstreichen Sie stets alle Wunden sorgfältig. (Vgl. auch S. 105, Abb. **a** und **b**.)

Die Süßkirsche

Das meist sehr starke Wachstum der Süßkirschenbäume, das durch die Veredlung auf Vogelkirsche bedingt ist, hat immer wieder Hobbygärtner davon abgehalten, diese Obstart im Garten zu pflanzen. Die Zeit der wüchsigen Süßkirschenbäume dürfte jedoch nun vorbei sein. Die Zukunft gehört zweifellos dem kleinen, schwach bis mittelstark wachsenden Süßkirschenbaum. Sein Schnitt erfolgt in Anlehnung an die beim Apfelspindelbusch beschriebenen Regeln und an das Vorgehen bei der Spindelpyramide (vgl. S. 79). Es kommt allerdings bei der Süßkirsche immer wieder zur Bildung langer Steiltriebe, die es zu entfernen gilt. Außerdem ist der Wuchs dichter als beim Apfel, was vermehrtes Auslichten erfordert.

Manche Baumschulen bieten bereits kleinbleibende Süßkirschenbäume an. Deshalb wird hier auf den Pflanzschnitt der stark wachsenden Veredlungen nicht mehr eingegangen. Besprochen werden jedoch einige Besonderheiten und die nötigen Nachbesserungen beim Aufbau-, Ertrags- und Verjüngungsschnitt, da man doch noch in vielen Gärten die wüchsigen Veredlungen findet.

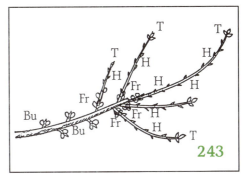

243 Knospen und Triebe der Süßkirsche

Da große Süßkirschenbäume von Natur aus eine lockere Krone aufbauen, ist insgesamt gesehen weniger Schnitt erforderlich als beispielsweise beim Kernobst. Das Auslichten und die Verjüngung des Fruchtholzes stehen hierbei an erster Stelle.

Knospen und Triebe

Zu unterscheiden sind schlanke Holz- oder Triebknospen und rundliche Blüten- oder Fruchtknospen. Junge Langtriebe (243) sind fast auf der ganzen Länge von Holzknospen *(H)* besetzt. An der Triebspitze befindet sich eine triebfähige Terminalknospe *(T)*, die von weiteren Holzknospen *(H)* flankiert ist, so daß hier im 2. Jahr ein Triebquirl entsteht. Aus den seitlichen Holzknospen entwickeln sich im 2. und 3. Jahr kurze Buketttriebe *(Bu)* mit einer Triebknospe und mehreren rundlichen Blütenknospen. Diese Bukettzweige wachsen dann jährlich nur wenige Zentimeter weiter und vergreisen rasch. Die längeren Fruchtruten bleiben dagegen über einen langen Zeitraum leistungsfähig. Ihre Entwicklung wird begünstigt, wenn man die quirlartigen Endknospen der Triebe wegschneidet. Die einjährigen Langtriebe weisen an der Basis sehr eng stehende Blütenknospen *(Fr)* auf, mit der Folge, daß diese Stelle ein Jahr später kahl ist.

Vorbeugende Maßnahmen gegen Gummifluß

Das Holz der Süßkirsche reagiert auf Verletzungen besonders empfindlich und neigt zum Ausharzen bzw. zum Gummifluß. Der direkte Weg-

Der Schnitt der Steinobstbäume

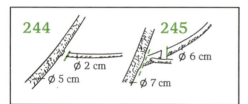

244, 245 Wenn das zu entfernende Holz wesentlich dünner ist als das verbleibende (244), kann auf Astring geschnitten werden. Bei annähernd gleicher Stärke oder mehr bleibt zunächst ein Stummel stehen (245)

schnitt auf Astring (244) darf auf Standorten mit schwerem Boden und bei manchen Sorten nur dann erfolgen, *wenn das zu entfernende Holz höchstens halb so stark ist wie das verbleibende Holz*. Andernfalls kann es zum Ausharzen kommen. Wo dies nach einem Schnitt beobachtet wird, muß bei ungünstigem Stärkeverhältnis (245) zunächst auf einen Stummel mit Holzknospe oder schwacher Abzweigung geschnitten werden. Ein Jahr später entfernt man den Stummel auf oder mit Astring. In der Zwischenzeit hat sich das verbleibende Holz umstellen und kräftigen können, so daß es nicht mehr zum Ausharzen kommen kann. Auch der richtige *Schnittermin* beugt dem Gummifluß vor. Jüngere Bäume sollten teils im Sommer, teils Anfang März geschnitten werden. Ab dem 5. Standjahr ist der Schnitt gleich nach der Ernte, gegen Ende Juli, am sichersten. Der empfindliche Rindenrand kann dann noch im selben Jahr verheilen. Schnelle Wundverheilung beugt ebenfalls der Bildung von Harzstellen vor. Wunden sind deshalb sofort gründlich zu verstreichen, ältere sollten sorgfältig gepflegt werden.

Aufbauschnitt

Erforderlich sind 4 bis 5 Aufbaujahre. Nur beim 1. Aufbauschnitt schneidet man die Verlängerungstriebe der Äste an. Danach werden sie nur noch entspitzt.

1. Aufbauschnitt: (246, 247; diese Abb. lassen auch die Maßnahmen des Pflanzschnittes erkennen): Zuerst werden Konkurrenztriebe (K) entfernt. Für große Süßkirschenbäume sind 3 Leitäste (L) am günstigsten. Ihre Verlängerungstriebe werden im Mittel um die Hälfte auf eine Außenknospe gekürzt und auf Saftwaage (SW) gebracht. Der Mitteltrieb (M) sollte die Saftwaage nur scherenlang überragen. Seitentriebe bleiben in den ersten Jahren ungekürzt, längere können heruntergebunden werden. Nicht angeschnittene Seitentriebe (Z) garnieren sich mit reichlich Bukettknospen (247: *Bu, Z_1, Z_2*). In den ersten beiden Standjahren sollte man die Bildung vieler Bukettknospen anstreben, um den Fruchtbeginn zu verfrühen.

Weitere Aufbauschnitte (248, 249; der besseren Übersicht wegen sind nur 2 Leitäste eingezeichnet): Durch den starken Anschnitt der Leittriebe (L) beim 1. Aufbauschnitt haben sich Konkurrenztriebe (248: K) gebildet. Sie müssen entfernt wer-

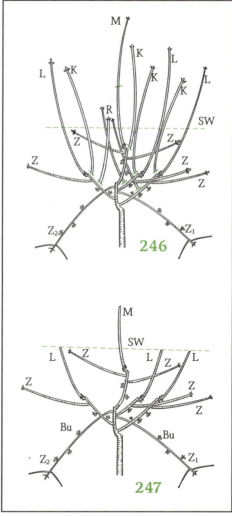

246, 247 Süßkirsche mit zweijähriger Krone vor und nach dem 1. Aufbauschnitt

Die Süßkirsche

den, und zwar mit Astring. Reitertriebe *(R)* sind in gleicher Weise zu behandeln. Wenn Oberseitentriebe mehr als die halbe Stärke des verbleibenden Holzes aufweisen, sollte auf Stummel mit 5 bis 7 Knospen geschnitten werden, um ein Ausharzen zu vermeiden. Dieser Stummel *(St)* wird 1 Jahr später mit Astring entfernt; bis dahin hält man die Austriebe am Stummel im Sommer kurz.

Die Äste *(L, M, N)* müssen ab dem 2. bis 3. Standjahr nicht mehr angeschnitten werden, die quirlartigen Spitzenknospen sollte man jedoch entfernen. Es gibt dann mehr längere Verzweigungen, die länger leistungsfähig bleiben als die kurzen Bukettzweige, Leittriebe hält man auf Saftwaage *(SW)*. Im Sommer werden zu steile Leittriebe *(L)* abgespreizt oder heruntergebunden (vgl. Pfeile und unterbrochene Linien).

Beim 2. bis 4. Aufbauschnitt werden an den Leitästen die **Nebenäste** *(N)* aufgebaut, die man bereits im Sommer auf 30° zur Waagerechten formiert. Mittellanges Seitenholz *(Z)* mit mehreren Endknospen ist ab dem 3. Aufbauschnitt regelmäßig zu entspitzen, damit sich mehr längere Fruchtruten und weniger leistungsschwache Bukettzweiglein entwickeln. Steil stehende Seitentriebe, wie z. B. am Mittelast *(ZM)* werden im Sommer waagerecht gebunden, falls in der Krone noch Platz vorhanden ist.

Wenn die Seitentriebe *(Z)* zu dicht stehen, kann man dies nutzen, indem man sich durch längeren Stummelschnitt (auf mindestens 15 cm) spätere Jungtriebe sichert. Schneidet man diese jedoch kürzer ab, dann kommt man in den Bereich der Blütenknospenanlagen, wo kein Neutrieb erfolgen kann.

Ertrags- oder Erhaltungsschnitt

Mit dem Ertragsschnitt beginnt man bei wüchsigen Süßkirschenbäumen am besten ab dem 5. Standjahr gleich nach der Ernte, also Ende Juli. Hierbei wird etwa so verfahren wie beim letzten Aufbauschnitt **(248, 249)**.

Durch die zunehmende Ertragsbildung wird das Längenwachstum eingeschränkt, die Verzweigung nimmt aber zu. Deshalb wird beim Ertragsschnitt das Auslichten der Krone immer wichtiger. Die Äste *(L, M, N)* schneidet man nicht mehr zurück, nur die Endknospen entfernt man noch. Dabei ist auf gleiche Höhe der **Leitäste** zu achten (Saftwaage). Einen zu hohen Leitast leitet man ab auf einen nach außen gerichteten Seitentrieb, der in Höhe der Saftwaage endet. Was in einem Jahr nicht zu bewerkstelligen ist, wird im nächsten durchgeführt, vielleicht auch an einem anderen Ast daneben.

Ab dem 5. Standjahr ist der **Mittelast** *(M)* stark einzukürzen, was am besten über 2 bis 3 Jahre verteilt geschieht. Das Ziel kann dabei eine kombinierte Krone sein. Der abschließende Schnitt **(250)** am Mittelast muß mindestens 1–1,5 m über dem untersten Leitast *(L₁)* angesetzt werden, wobei

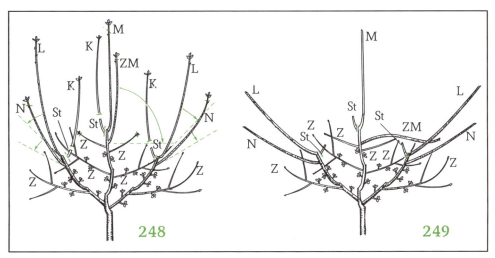

248, 249 *Dreijährige Krone vor und nach dem 1. Ertragsschnitt*

Der Schnitt der Steinobstbäume

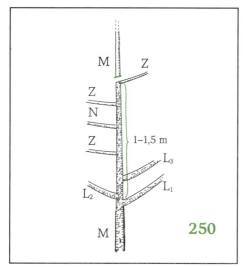

250 *Einkürzen des Mittelastes beim Ertragsschnitt (die Seitentriebe sind nur angedeutet); dies führt hier zu einer kombinierten Krone*

man über einem schwachen Zweig (Z_1) schneidet. Der etappenweise Wegschnitt des oberen Mittelastes hilft, Gummifluß zu vermeiden. An den Leitästen kann sich in Zukunft wieder mehr junges Fruchtholz bilden.

Alle paar Jahre ist das **Fruchtholz** zu verjüngen, vor allem, indem man alte Bukettzweige auf Astring entfernt. Junge Neutriebe werden geschont.

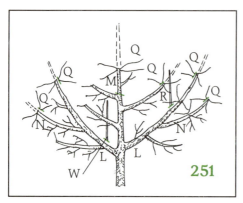

251 *Verjüngung durch Rückschnitt auf tiefer stehende Astquirle; der Mittelast wird später so eingekürzt, daß die kombinierte Krone erhalten bleibt (vgl. Schnittstrich). Wasserschosse und Reitertriebe sind zu entfernen*

Ins Kroneninnere wachsende Langtriebe, wie Reiter, Wasserschosse und Zweige des Quirlholzes auf der Astoberseite, sind zu entfernen. Bei ungünstigem Stärkeverhältnis ist Stummelschnitt angebracht (vgl. **245**). Mit zunehmendem Alter ist ein jährlicher Schnitt nicht mehr erforderlich.

Verjüngungsschnitt

Nach dem 10. bis 12. Standjahr ist eine leichte Verjüngung ratsam. Äste mit Quirltrieben müssen nicht ganz entfernt werden, es genügt oft schon, wenn man sie auf einen tieferen Astquirl (**251**: Q) zurücksetzt. Steile Quirltriebe sind selbstverständlich wegzuschneiden, desgleichen Wasserschosse (W) und Reitertriebe (R). Steil stehende Leitäste leitet man auf einen Nebenast ab.

Das Fruchtholz muß immer wieder verjüngt und ausgelichtet werden, indem man alte Bukettzweige entfernt und Fruchtbögen auf halbe Länge aufleitet. Die Verjüngungstriebe, die sich nach jedem starken Schnitt vermehrt bilden, werden geschont. Zwischen dem 15. und 20. Standjahr ist mittelstark zu verjüngen. Die Krone wird um 1/3 zurückgesetzt, am günstigsten unter einem Kronenwinkel von 100–120°. Bei allen Schnitten sollte man die genannten Vorbeugemaßnahmen gegen den Gummifluß beachten.

Der Pfirsich

Der Pfirsich ist eine beliebte Obstart mit sehr wohlschmeckenden Früchten, was auch für die verwandte Nektarine gilt. Leider erreichen die meisten Pfirsichbäume nur ein geringes Alter von kaum 10 Jahren. Wird zu wenig geschnitten, greift die Aufkahlung und Vergreisung rasch um sich. Nur durch sehr intensiven Schnitt kann es zu kräftigem Wachstum kommen, wodurch man auch das Lebensalter des Baumes deutlich verlängert. Wer den Pfirsichbaum ohne Eingriff vor sich hinwachsen läßt, findet an ihm überwiegend kurzes, blattarmes Fruchtholz, die *»falschen Fruchttriebe«*, die zur Schwächung des Baumes und zur schnellen Vergreisung führen.

Starker Schnitt sorgt dagegen für langes, blatt- und triebreiches Fruchtholz. Dies sind die *»wahren Fruchttriebe«*, die den Baum widerstandsfähig machen und gesund erhalten. Starker Schnitt kann auch ein wenig die Klimamängel ausgleichen, die der im Mittelmeerraum heimische Pfirsich in unseren Breiten vorfindet, nämlich die niedrigen Temperaturen und die kürzere Wachstumszeit. Rechtzeitig zu entfernen sind kurze, schwache Triebe, ferner die abgetragenen Fruchtzweige sowie zu wüchsige Kronenteile im Spitzenbereich. Wenn man Pfirsichbäume stark genug schneidet – und das heißt: stärker als unsere anderen Obstarten –, dann bleibt ihre gute Fruchtbarkeit lange erhalten.

Knospen und Triebe

Unterschieden wird zwischen Blatt-, Holz- oder Triebknospen, End- oder Teminalknospen und Blütenknospen. Sie befinden sich an den im folgenden genannten Trieben, die alle in einer Trieb- oder Teminalknospe *(T)* enden.

Holztriebe (252) sind einjährig, etwa 1 m lang und haben Holzknospen *(H)*. Als Seiten- und zukünftiges Fruchtholz werden die Holztriebe im August entspitzt *(e)* und im darauffolgenden März auf Zapfen *(Za)* mit 3 Triebknospen *(H)* geschnitten.

Vorzeitige Triebe finden sich auch beim Pfirsich. Damit sie den Blütenknospenansatz nicht verhindern, sind sie im Juni/Juli auf 1 Blatt zu kürzen.

Wahre Fruchttriebe (253) werden 60–75 cm lang. In ihrem Basis- und Spitzenbereich befinden sich einzelne Holzknospen *(H, T)* auf dem langen Abschnitt dazwischen sitzen gemischte Knospen, bei denen 1 Holzknospe *(H)* von 1 bis 2 Blüten-

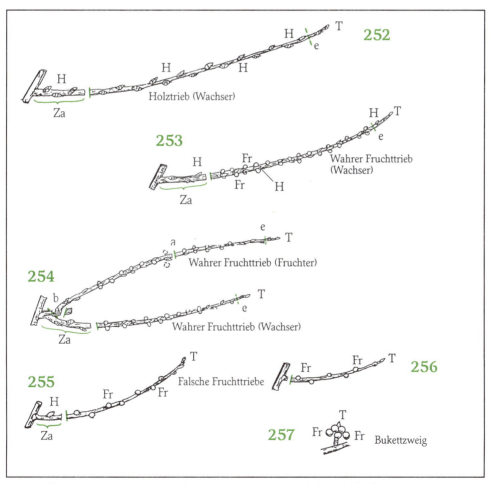

252–257 Die Triebe und Knospen des Pfirsichs (mit Hinweisen zum Schnitt der Triebe)

Der Schnitt der Steinobstbäume

knospen *(Fr)* flankiert ist. Auch diese Triebe werden im August entspitzt *(e)*. Einzeln stehende Triebe sind Anfang März auf Zapfen zu schneiden, damit sich wenigstens 2 wahre Fruchttriebe **(254)** entwickeln. Diese werden dann im Frühjahr dem sogenannten Wechselschnitt unterzogen. Den vorderen Trieb, der als »Fruchter« bezeichnet wird, schneidet man im März auf etwa die halbe Länge *(a)* und entfernt ihn nach der Ernte *(b)*. Den hinteren oder zweiten Trieb nennt man den »Wachser«. Er wird im Sommer ebenfalls entspitzt und im März auf Zapfen *(Za)* mit 3 Holzknospen geschnitten.

Falsche Fruchttriebe sind gekennzeichnet durch schwachen Wuchs und einzeln stehende Blütenknospen. Da die hier entstehenden Früchte schlecht ernährt werden, schneidet man im März auf die Basis-Holzknospe **(255: *H)*,** sofern eine vorhanden ist. Es bleibt dann ein kurzer Zapfen *(Za)* stehen, an dem sich ein wahrer Fruchttrieb bildet. Bei fehlenden Basis-Holzknospen **(256)**

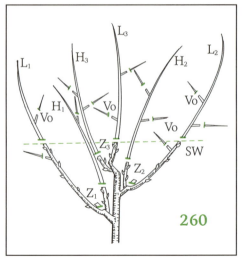

260 *Einjährige Krone mit allen Maßnahmen des 1. Aufbauschnittes*

läßt man nur 1 Frucht zur Reife kommen und entfernt anschließend den Zweig auf Astring.
Bukettriebe und -zweige (257) finden wir vor allem an älteren Pfirsichbäumen. An diesen mehrjährigen Trieben wird eine Triebknospe *(T)* von mehreren Blütenknospen *(Fr)* flankiert.

Pflanzschnitt

Bei der Pflanzung sollte man einjährigen Veredlungen **(258)** den Vorzug geben, weil sie am besten anwachsen. Am Mittelast *(M)* dieser Bäumchen sitzen vorzeitige Triebe *(Vo)*, die sich wegen ihrer spitzen Winkel nicht als Leitäste eignen. Man schneidet sie deshalb auf ihre Basisknospen zurück, die dann einen flacheren Austrieb bringen. Die einjährige Veredlung wird als Hohlkrone mit 3 Leitästen und mehreren Nebenästen erzogen **(259)**. Dazu wird zunächst der Stamm auf 70–80 cm freigeschnitten (»aufgeputzt«). Dann kürzt man 5 bis 6 Triebe *(Vo)* auf 2 Knospen ein, wobei man den Schnitt zwischen den Knospen anwendet (S. 29, **55**). Der Mittelast *(M)* wird dicht über der Basis des obersten Verlängerungstriebes weggenommen. Alle Wunden müssen sehr sorgfältig verstrichen werden.

Aufbau- oder Erziehungsschnitt

1. Aufbauschnitt (260): Im *1. Sommer* entwickelt sich die neue Krone. Schon Anfang Juni können die zukünftigen Leitäste **(259: *1–3)*** bestimmt

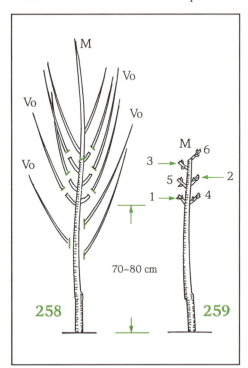

258, 259 *Einjährige Pfirsichveredlung vor und nach dem Pflanzschnitt*

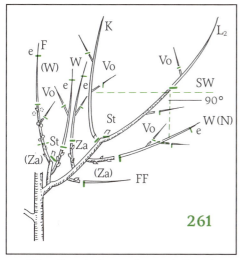

261 *Behandlung der Leitäste beim 2. Aufbauschnitt im Sommer und im darauffolgenden Frühjahr*

werden. Man entfernt dann bereits die Verzweigungen 4–6 auf Astring, den Mittelastrest oberhalb der Basis von Verzweigung 3 und die Stummel an den zukünftigen Leitästen (L_1–L_3), die beim Schnitt zwischen den Knospen stehengeblieben sind. Dies alles ist mit großer Sorgfalt durchzuführen und mit einer gründlichen Wundbehandlung abzuschließen. Alle anderen Triebe läßt man wachsen. Im Juli kürzt man die vorzeitigen Triebe auf 1 Blatt.

Der Schnitt im darauffolgenden *Frühjahr* wird an der einjährigen Krone mit 3 Leitästen erklärt (260). Den schwächsten Leittrieb (L_1) nimmt man um etwa die halbe Länge auf eine Außenknospe zurück. Die übrigen Leittriebe (L_2, L_3) werden auf gleiche Höhe *(SW)* gebracht. Die Seitentriebe (Holztriebe, H_1–H_3) kürzt man wie die Wachser (252) auf Zapfen mit 3 Knospen, damit hier wahre Fruchttriebe (254) entstehen.

2. Aufbauschnitt (261: die Schnittregeln werden an einem Leitast, L_2, demonstriert):

Sommerschnitt: Ende Mai Stummel *(St)* abschneiden; Mitte Juli vorzeitige Triebe *(Vo)* auf 1 Blatt kürzen; im August Konkurrenztriebe *(K)* mit Astring entfernen und zukünftige Fruchttriebe *(F)* entspitzen *(e)*. Falls man bereits den 1. Nebenast *(N)* aufbauen will, was hier möglich wäre, so wird der Leitast nicht entspitzt.

Frühjahrsschnitt: Vor dem Austrieb schneidet man die Leitastverlängerungen an (vgl. L_2), und zwar

Der Pfirsich

um 1/3, wenn die Verlängerung etwa 1 m lang ist, ansonsten stärker, nämlich um 1/2–2/3, damit ein kräftiger Austrieb erfolgen kann. Im 1. Fall wird je 1 Nebenast *(N)* bestimmt, bereits im Juli auf 30° über der Waagerechten formiert und im März unter 45° zum Leitast angeschnitten (hier zufällig auf die Knospe eines vorzeitigen Triebes, was nicht günstig ist).

Die übrigen Seitentriebe sind noch Holztriebe und werden dem Wechselschnitt unterzogen, also auf Zapfen *(Za)* mit 3 Knospen geschnitten. Kürzere Triebe, wie die falschen Fruchttriebe *(FF)*, werden auf die Basisknospe geschnitten, sofern eine vorhanden ist. Wenn der aufrecht stehende Seitentrieb links *(F)* kein wahrer Fruchttrieb, sondern ein Holztrieb ist, schneidet man ihn als Wachser ebenfalls auf Zapfen *(Za)* mit 3 Knospen (die 3. befindet sich in Abb. **261** auf der gegenüberliegenden Triebseite).

Weitere Aufbauschnitte (**260, 261**): Wurde mit der einjährigen Krone begonnen, sind noch 3 weitere Aufbauschnitte erforderlich. Der Anschnitt der Leitäste *(L)* wird fortgesetzt. Man baut an ihnen bis zu 3 Nebenäste auf. Jede Krone kommt so auf 12 Äste. An ihnen dürfen sich keine starken Gabelungen mehr bilden, sondern nur noch wahre Fruchttriebe als Wachser und Fruchter. Letztere werden vor der Blüte entsprechend angeschnitten (**254**). Schwache Triebe mit einer Basis-Holzknospe schneidet man möglichst auf diese zurück. Schwache Triebe, die zu dicht stehen und keine Basis-Holzknospe aufweisen, entfernt man schon vor der Blüte. Im Sommer werden bereits starke Oberseitentriebe (Konkurrenztriebe) im Spitzenbereich weggeschnitten. Wenn diese fast so stark sind wie das verbleibende Holz, sollte man auf Stummel mit 4 bis 5 Augen schneiden und sie erst nach einem Jahr ganz entfernen, um Gummifluß zu verhüten. Nach jeder Ernte sind die abgetragenen Zweige bis zu einem basisnahen Jungtrieb oder direkt an der Basis zu entfernen (**254: b**). Wenn man Schwierigkeiten hat, das abgetragene Holz später beim Schnitt zu erkennen, *schneidet man bereits bei der Ernte die fruchtbehangenen Zweige und pflückt dann die Früchte ab.* Nach Abschluß der Schnittarbeiten muß wieder eine sorgfältige Wundpflege durchgeführt werden.

Der Schnitt der Steinobstbäume

Ertrags- oder Erhaltungsschnitt

Während des 5. bis 10. Standjahres läßt man die Krone nur wenig größer werden. Dazu muß man die Astverlängerungen entfernen, bei steilen Ästen (262) durch Ableiten (a_1), bei flacherem Anstieg (263) durch Aufleiten (a_2). Neue Verlängerungstriebe werden nur geschnitten, um die Saftwaage einzuhalten. Die Durchführung des Schnittes nach der Ernte ist günstig. Gleichzeitig entfernt man die abgeernteten Zweige (Fruchter) bis zur Ansatzstelle des Wachsers (254, 263: b), der bis zum Frühjahr noch ohne Schnitt bleibt.

Im März werden die neuen Fruchter (F) und Wachser (W) herausgesucht. Fruchter schneidet man so an, daß die Hälfte der Blütenknospen beseitigt wird. Neben der neuen Endknospe sind die Blütenknospen möglichst zu entfernen. Wachser (W) werden in der Regel auf Zapfen (Za) mit 3 Knospen geschnitten, schwache Wachser allerdings nur auf 1 Knospe (262, 263). Diesen Wechselschnitt führt man auch im älteren Kronenbereich entsprechend durch.

Im Mai/Juni sind die Stümpfe (St) sauber wegzuschneiden. Mitte Juli kürzt man vorzeitige Triebe (die hier nicht gezeigt werden) auf 1 Blatt, wodurch gleichzeitig die Beschattung der Früchte vermindert wird, die sich nur in der Sonne gut ausfärben. Kräftiges, zu dicht stehendes Oberseitenholz ist zu entfernen. Im August werden starke Seitentriebe entspitzt (e), um den Austrieb aus den Basisaugen zu fördern.

Schnitt älterer Pfirsichbäume

Zeigen sich nach etwa 10 Jahren zunehmend schwache, falsche Fruchttriebe und basisnahe Kahlstellen, so ist eine **starke Verjüngung** angebracht, möglichst gleich nach der Ernte oder im zeitigen Frühjahr. Leitäste schneidet man auf halbe Länge zurück, eventuell auf einen Nebenast. Anschließend wird ausgelichtet. Es folgen 2 Jahre Aufbauschnitt, dann 3 Jahre Ertragsschnitt. Danach wird nochmals verjüngt.

Völlig ungepflegte, **vergreiste Pfirsichbäume**, die nur noch Kurztriebe bilden, sind, wenn der Stamm gesund ist, in der Lage, nach sehr starkem Rückschnitt (um mehr als 3/4) wieder kräftig auszutreiben und gute Früchte zu tragen. Man wird dann viele der Langtriebe entfernen, wo sie zu dicht stehen. Geeignete Jungtriebe, selbst Wasserschosse, lassen sich durch Bindung im August in das neue Astgerüst einordnen. Oberseitenholz im Spitzenbereich ist allerdings zum größten Teil oder ganz zu entfernen. Seitenholz wird dem Zapfen- oder auch schon dem Wechselschnitt unterzogen (254), falls wahre Fruchttriebe vorhanden sind. Es folgen 3 Jahre Kronenaufbau und 3 Jahre Ertragsschnitt. Danach kann nochmals verjüngt werden, sobald in Basisnähe Aufkahlungen zu beobachten sind.

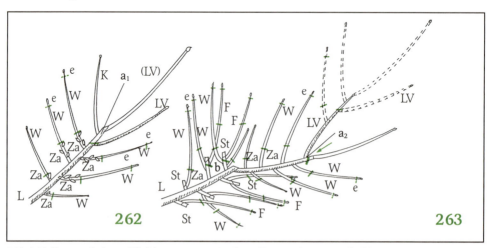

262, 263 Ertragsschnitt an Pfirsichästen: 262 zeigt den 1. Ertragsschnitt, 263 die Weiterentwicklung im nächsten Jahr und die Maßnahmen des 2. Ertragsschnittes. Der unterbrochen gezeichnete Teil deutet das weitere Triebwachstum an der Leitastverlängerung und den 3. Ertragsschnitt an

Die stärkste Verjüngung ist das **Aststümmeln** auf 30–40 cm, das am besten im Frühjahr erfolgt und vom Pfirsichbaum durchaus vertragen wird. Man formiert dann im Sommer 3 Leitäste und schneidet sie im Frühjahr auf etwa 30 cm Länge und Saftwaage zurück. 3 bis 4 Jahre werden zum Kronenaufbau benötigt. Unter den Wasserschossen muß man einige geeignete auswählen. Diese schneidet man auf Zapfen mit 3 bis 4 Knospen, um bald Fruchtholz zu bekommen, das dann im Wechselschnitt behandelt wird. Vorzeitige Triebe sind im Juli wegzuschneiden, falls es zu viele sind und die Krone dadurch unübersichtlich wird. Die Wundpflege ist beim Aststümmeln äußerst wichtig!

Die Aprikose oder Marille

Die Aprikose ist eine hochgeschätzte Frucht. Leider wird einem der Anbau dieser Obstart im eigenen Garten oft dadurch verleidet, daß der Frost die früh einsetzende Blüte schädigt. Die meisten Sorten wachsen stark bis sehr stark. Für Wandspaliere besonders geeignet sind mittelstark wachsende Sorten wie 'Ungarische Beste'. Baumschulen bieten einjährige Veredlungen an sowie Bäume mit ein- und zweijähriger Krone. Günstig ist eine Stammhöhe von 70–80 cm. Freistehende Bäume werden am besten mit breiter *Pyramidenkrone* mit Mittelast erzogen, vor Wänden strebt man dagegen eine *Längskrone* an. Junge Bäume schneidet man vor Triebbeginn im Februar/März, Bäume im Ertragsalter im August nach der Ernte.

Knospen und Triebe

Da Aprikosen an langen wie an kurzen Fruchttrieben Blatt-, Blüten- und gemischte Knospen tragen, kahlen die Zweige nicht so rasch auf wie beim Pfirsich. Deshalb kann hier weniger streng geschnitten werden. Man richtet sich dabei mehr nach den Schnittregeln bei Pflaumenbäumen als nach denen beim Pfirsich. Fruchtholz soll überwiegend seitlich an den Ästen stehen. Durch jährlichen Wegschnitt des abgetragenen Holzes auf basisnahe Langtriebe wird am besten für eine Erneuerung des Fruchtholzes gesorgt.

Lange junge Seitentriebe kann man einem Rückschnitt unterziehen, solche mit überwiegendem Holztriebcharakter auf 1/3, starke Fruchttriebe

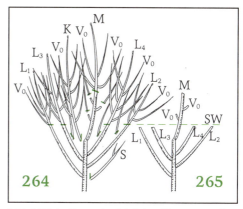

264, 265 *Aprikose mit einjähriger Krone vor und nach dem Pflanzschnitt*

auf halbe Länge, wobei stets auf eine gut ausgebildete Holzknospe geschnitten wird. An Buschbäumen empfiehlt es sich, junges Seitenholz auf 20–30 cm, an Spalierbäumen auf 15–20 cm zu kürzen; dies geschieht etwa Anfang März. Kurzes Seitenholz wird erst geschnitten, wenn es nur noch wenig Blütenansatz bringt. Bukettzweige erhalten lange ihre Fruchtbarkeit. Wenn diese nachläßt, werden sie auf Astring weggeschnitten.

Zu dicht stehendes Fruchtholz muß von Zeit zu Zeit ausgeglichen werden. Nach innen wachsende oder auf der Oberseite stehende Triebe, auch vorzeitige, sind in den meisten Fällen zu entfernen. Falls es der Platz erlaubt, kann man etwa 40 cm lange Steiltriebe im Sommer waagerecht stellen, andernfalls schneidet man sie um 1/3 zurück oder behandelt sie im 2-Jahres-Schnitt. Vorzeitige Triebe treten an jungen Bäumen sehr zahlreich auf und haben an diesen nur Holzknospen, an fruchtenden Bäumen dagegen weisen sie Holz-, Blüten- und gemischte Knospen auf. Ihre Lebensdauer ist nur gering.

Pflanzschnitt

In unserem Beispiel **264** gehen wir von einer einjährigen Krone aus. Durch die Vielzahl an vorzeitigen Trieben *(V₀)* erscheint die Krone älter, als sie tatsächlich ist. Beim Anschnitt der Leittriebe fallen die meisten vorzeitigen Triebe weg, noch vorhandene können auf die unterste Seitenknospe gekürzt oder weggeschnitten werden.

Der Schnitt der Steinobstbäume

Günstig ist die Anordnung von 3 bis 4 Leitästen. Die Leittriebe *(L)* kürzt man um 1/2–2/3 ein und bringt sie dabei auf Saftwaage *(SW)*, der Schnitt erfolgt 1 cm über einer äußeren Knospe. Konkurrenztrieb *(K)* und überzählige Seitentriebe *(S)* werden auf Astring entfernt. Vom Mitteltrieb bleiben über der Saftwaage 6 bis 8 Knospen stehen. Wie stark der Pflanzschnitt durchzuführen ist, verdeutlicht Abb. **265**.

Bei einjährigen Veredlungen werden alle vorzeitigen Triebe auf Astring weggeschnitten. Den Mitteltrieb nimmt man auf 75 cm über dem Boden plus 5 bis 6 Knospen (zur Kronenbildung) zurück. Bei allen Schnitten muß man für guten Verschluß auch der kleinsten Wunde sorgen, da immer starke Infektionsgefahr besteht.

Aufbau- oder Erziehungsschnitt

Im Anwuchsjahr muß mit kräftigem Durchtrieb gerechnet werden, wie es Beispiel **266** zeigt. Der Rückschnitt der Leitastverlängerung *(L)* erfolgt um die Hälfte, wieder auf Saftwaage *(SW)*. Meistens ist es möglich, mit der Saftwaage unterhalb der vielen vorzeitigen Triebe *(Vo)* zu bleiben. Tiefer stehende werden auf 1 Knospe geschnitten, auf der Innenseite wachsende entfernt. Konkurrenztriebe *(K)* sollten nicht stehenbleiben. Das gilt auch für

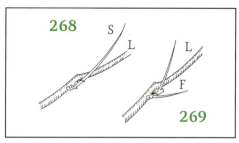

268, 269 *2-Jahres-Schnitt: Im 1. Jahr schneidet man steil stehende Seitentriebe auf 3 Knospen zurück* **(268)**, *im 2. Jahr erfolgt der Wegschnitt auf einen flachen Fruchttrieb* **(269)**

später sich entwickelnde Reitertriebe *(R)*. Die Mittelastverlängerung *(M)* wird auf etwa 8 Knospen über der Saftwaage angeschnitten.

Kurzes Seiten- oder Fruchtholz *(F)* bleibt unbehandelt, denn es ist von besserer Qualität als die vorzeitigen Triebe. Längere Seitentriebe *(S)*, die sich zu Fruchtzweigen *(FZ)* entwickeln, kürzt man etwas ein. Der starke Rückschnitt, wie ihn Abb. **267** deutlich zeigt, führt zu einer guten Fruchtholzentwicklung und zur Bildung kräftigerer Äste. Insgesamt sind 4 bis 5 Aufbauschnitte notwendig (vgl. Apfelbuschbaum).

Kräftige, steil stehende Seitentriebe behandelt man am besten im *2-Jahres-Schnitt* **(268)**, den man jeweils Anfang März durchführt. Es bleiben nur 3 gut sichtbare Knospen stehen. Von den

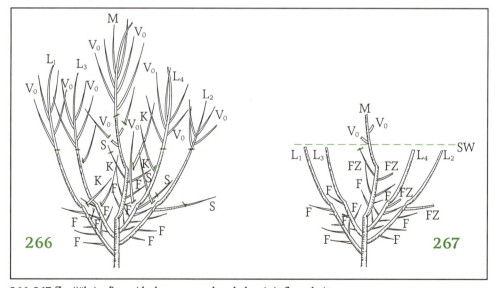

266, 267 *Zweijährige Pyramidenkrone vor und nach dem 1. Aufbauschnitt*

Die Aprikose oder Marille

sich aus ihnen bildenden Verzweigungen beläßt man nur den untersten, flachgerichteten Trieb (269: *F*).
Beim 2. bis 4. Aufbauschnitt werden je Leitast bis zu 3 Nebenäste erzogen und beim 3. bis 5. Aufbauschnitt jährlich 1 Nebenast am Mittelast.

Ertrags- oder Erhaltungsschnitt

Während des 5. bis 10. Standjahres gleicht der Schnitt mehr dem an Pflaumenbäumen und wird keinesfalls so streng gehandhabt wie beim Pfirsich. Vorrang hat das Auslichten, wobei weniger einzelne Triebe weggenommen werden als vielmehr ganze Zweige, die man bis zu einem basisnahen Seitentrieb entfernt. Dabei sollte man so wenig Wunden wie möglich verursachen, denn jede von ihnen muß sorgfältig verstrichen werden. Übersehene, unverschlossene Wunden sind häufig Eintrittsstellen für gefährliche Pilzkrankheiten. An den Astenden darf es nicht zu einer Ansammlung starker Triebe kommen. Die Leitäste sollen in gleicher Höhe enden. Notfalls sind die Verlängerungstriebe auf- oder abzuleiten, in Einzelfällen, vor allem bei mehr als 50 cm Längenzuwachs, auch einzukürzen, um gleichzeitig das Dickenwachstum zu fördern.

Da immer mehr Triebe fruchtbar werden und so das physiologische Gleichgewicht zu stark zugunsten der Früchte verschoben werden kann, muß man auslichten, auch unter den vielen vorzeitigen Trieben. Damit wird gleichzeitig die Stabilität der Äste gefördert.

Zum Auslichten gehört auch der Wegschnitt des abgeernteten Holzes (eventuell erst schneiden, dann ernten), der Reitertriebe, beschädigter, abgestorbener Zweige, zu dicht stehender oder ins Kroneninnere hineinwachsender Triebe usw. Die Fruchtholzbehandlung wurde bereits im Abschnitt Knospen und Triebe beschrieben. Die Hauptschnittzeit ist gleich nach der Ernte, also im August. Jede Wunde muß verstrichen werden.

Kronenbegrenzung

Vom 10. Standjahr an sollte die Krone möglichst nicht größer werden. Dazu entfernt man in den nächsten 5 Jahren an Leit- und Nebenästen die langen End- und Konkurrenztriebe und leitet die Äste auf einen schwächeren Seitentrieb ab. Der Mittelast – falls vorhanden – kann erhalten bleiben, doch sollte sein Höhenzuwachs stets entfernt werden. Beide Maßnahmen tragen dazu bei, daß das Kroneninnere mit längeren Jungtrieben belebt wird. Abgetragenes Fruchtholz kann dann zunehmend bis zu einem kräftigen basisnahen Jungtrieb weggeschnitten werden. Konkurrenz- und Reitertriebe sowie Wasserschosse, die nach jedem stärkeren Schnitt zahlreich hervorbrechen, sollte man schon bald nach der Entstehung, etwa Ende Mai, entfernen. Wundverschluß nicht vergessen!

Verjüngungsschnitt

Läßt in zu dichten oder älteren Kronen die Triebkraft nach, so hilft ein stärkerer Erneuerungsschnitt im August oder im März kurz vor der Blüte. Die Vergreisung wird gefördert durch überreiche Ernten, unzureichenden Schnitt oder auch durch die Monilia-Krankheit. Das Zurücksetzen der Krone erfolgt unter einem Winkel von möglichst 120–140°. Leitäste werden um 1/3 auf gleiche Höhe zurückgenommen, stets bis zu einer Abzweigung. Dies gilt auch für den Mittelast, der die Leitäste nur wenig überragen darf. Bei Bedarf ist so auszulichten, daß die Endtriebe der Äste möglichst frei stehen. Guter Wundverschluß ist äußerst wichtig.

Die nächsten 2 bis 3 Jahre ist ein erneuter Aufbauschnitt notwendig, um einem Dichtwachsen der Krone vorzubeugen. Wasserschosse sind schon Ende Mai zu entfernen. Die neuen Verlängerungstriebe der Leitäste werden formiert und eingekürzt. Bei Bedarf wählt man auch neue Nebenäste sowohl an den Leitästen als auch am Mittelast aus. Abgetragenes Holz kann nach der Ernte sofort bis auf basisnahe Jungtriebe entfernt werden. Es schließen sich 3 Jahre Ertragsschnitt an.

Der Schnitt der Beerenobstgehölze

Die zum Beerenobst zählenden Arten gehören wegen der frühen, reichen und regelmäßigen Erträge sowie auf Grund der vielseitigen Verwendungsmöglichkeiten als frisches Obst und als Verwertungsfrüchte zu den wichtigsten Gartenpflanzen. Durch sachgemäßen Schnitt kann man das Leben dieser Gehölze verlängern und ihre Leistungskraft verbessern.

Der Fachmann betrachtet den Schnitt des Beerenobstes allgemein als einfach. Viele Hobbygärtner sind jedoch ganz und gar verunsichert, wenn es um den sachgemäßen Schnitt ihrer Sträucher und Stämmchen geht. Deshalb wird dieses Gebiet hier ausführlich behandelt, nicht zuletzt auch wegen der Bedeutung, die dem Beerenobst auf Grund seines hohen gesundheitlichen Wertes zukommt. Der Leser erfährt hier, wie der Schnitt durchzuführen ist, um Qualität und Ertrag zu erhöhen.

Rote und Weiße Johannisbeere

Die rotfrüchtigen Johannisbeersorten stehen in der Gunst der Hobby-Obstgärtner an erster Stelle. Die höchsten Erträge darf man von den **Strauchformen** erwarten. **Halb- und Hochstämme** sind dagegen nicht so ergiebig. Da sie aber bequem zu pflegen sind, werden sie von manchen Gartenbesitzern bevorzugt. Als weiterer Vorteil wäre die Möglichkeit zu nennen, im Fußbereich der Stämmchen Unterkulturen wie Erdbeeren, Gemüse usw. anzubauen. Die Stammformen brauchen zur Unterstützung einen Pfahl, an dem sie über der Veredlungsstelle oder in der Krone festgebunden werden. Johannisbeeren lassen sich auch als Hecken am Drahtrahmen ziehen. Dieses Verfahren ist zwar recht aufwendig, geerntet werden dann jedoch Früchte von bester Qualität für den Rohgenuß. Nicht zuletzt sind solche Fruchthecken auch gartengestalterisch von Bedeutung.

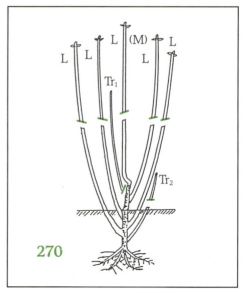

270 *Pflanzfertiger Johannisbeerstrauch mit 5 Leittrieben, die man auf halbe Länge schneidet*

Pflanzschnitt

Ein starker Rückschnitt gleich nach der Pflanzung ist erforderlich, um das Gleichgewicht zwischen der beim Ausgraben reduzierten Wurzelkrone und den oberirdischen Teilen wieder herzustellen. Weiterhin regt man dadurch die meisten Seitenknospen zum Austrieb an. Unterläßt man den Pflanzschnitt, so gerät das Wachstum deutlich ins Stocken. Als zukünftige Gerüst- oder Leitzweige braucht man kräftige und gut verteilte Triebe. Je schwächer der Wuchs, desto stärker ist zu schneiden und umgekehrt. Der Rückschnitt erfolgt auf Auge.

Am häufigsten werden **Sträucher bzw. Büsche** angeboten. Gute Pflanzware hat 5 bis 7 Bodentriebe **(270)**. Die 5 kräftigsten und am besten verteilten Triebe werden als zukünftige Leitzweige *(L)* ausgewählt und etwa auf halbe Länge und auf gleiche Höhe geschnitten, wobei man sie auf eine äußere Knospe zurücksetzt. Hat ein Trieb Mittelstellung *(M),* kann man ihn 2 bis 3 Knospen höher anschneiden. Der Strauch nimmt dann Pyramidenform an, was gefällig aussieht, aber nicht erforderlich ist.

Schwächer entwickelte Pflanzware mit nur 3 bis 4 kräftigen Bodentrieben wird um 2/3 zurückgeschnitten. Schwache Triebe kann man in diesem Fall auf 1 bis 2 Knospen schneiden, während man sie bei wüchsigeren Sträuchern (270) entweder am Leittrieb auf Astring *(Tr₁)* oder dicht über dem Erdboden *(Tr₂)* wegnimmt.

Halb- oder Hochstämme: Zur Kronenbildung werden am besten 4 bis 5 kräftige Triebe ausgewählt. Starker Rückschnitt auf 1/2–1/3 regt die seitliche Verzweigung bis zur Basis an. Es sollten jedoch wenigstens 3 bis 5 Knospen übrig bleiben. Die Leittriebe bringt man auf gleiche Höhe, der Mitteltrieb darf 2 bis 3 Knospen mehr behalten (vgl. auch Stachelbeerstämmchen, Abb. **283**).

Hecken- oder Spaliererziehung (273): 4 bis 5 kräftige Triebe *(L₁–L₄)* werden fächerartig verteilt, an den Draht geheftet und etwa um 1/4–1/3 auf Oberseitenknospen zurückgeschnitten, damit sich später senkrecht wachsende Verlängerungstriebe entwickeln können.

Aufbau- oder Erziehungsschnitt

Zur Vervollkommnung der Krone werden etwa 4 Jahre gebraucht. Nach dem Laubfall und vor der herbstlichen Bodenbearbeitung ist die beste Schnittzeit. Auch im Winter (bis Mitte Februar) kann geschnitten werden, jedoch nicht bei Temperaturen unter –5° C. Jüngere, wüchsige Gehölze kann man sogar noch bis Anfang März schneiden.

Sträucher bzw. Büsche: Im Pflanzjahr entstehen meist keine weiteren Bodentriebe. Im 2. Sommer nimmt man 1 bis 2 kräftige Neutriebe aus dem Wurzelhals hinzu, im 3. und 4. Sommer nochmals je 2. Man hat dann etwa 10 Leitzweige aus verschiedenen »Jahrgängen« (die Anzahl richtet sich auch nach der Pflanzweite) und beendet damit den Aufbauschnitt.

Obwohl Bodenzweige ein Alter von 15 Jahren und mehr erreichen können, sollten sie möglichst nicht länger als 5 Jahre stehen bleiben. Bei verstärkter Jungtriebbildung und zeitiger Verjüngung erreichen die Sträucher nicht nur ein höheres Alter, sondern liefern auch Früchte von besserer Qualität.

Grundsätzlich sind in der Aufbauzeit (271) die Verlängerungstriebe *(V)* der Leitzweige *(L)* anzuschneiden, um Verzweigung und Stabilität zu fördern. Gut um die Hälfte schneidet man die Leitzweige bei kaum mittelstark wachsenden Sorten ('Heros', 'Red Lake', 'Stanza', 'Weiße Versailler') zurück; knapp um die Hälfte bei mittel bis stark wachsenden Sorten ('Jonkheer van Tets', 'Roset-

Rote und Weiße Johannisbeere

ta'); um 1/3 (271) bei stark und aufrecht wachsenden Sorten ('Rotet', 'Rote Vierlander', 'Rovada'). Bei sehr stark wachsenden Sorten ('Heinemanns Rote Spätlese') genügt es, die längsten Triebe auf die mittlere Höhe zurückzunehmen; doch sollten nicht mehr als 5 Knospen entfernt werden. Geeigneter Neuzuwachs aus dem Boden wird allgemein um 1/3 gekürzt.

Das seitliche *Fruchtholz* 1. Ordnung (**271**: *F₁*) ist je nach Wüchsigkeit auf 3 bis 6 Knospen zu kürzen. Verzweigungen 2. Ordnung *(F₂)* nimmt man auf 2 bis 4 Knospen, die der 3. Ordnung auf 2 bis 3 Knospen zurück. Kurztriebe unter 20 cm Länge bleiben ohne Rückschnitt.

Lange, starke *Verzweigungen*, wie der Konkurrenztrieb *(K)*, die störend ins Kroneninnere hineinwachsen, sind im Winter zu entfernen oder im 2-Jahres-Schnitt zu behandeln, um flach gerichtetes Fruchtholz zu bekommen.

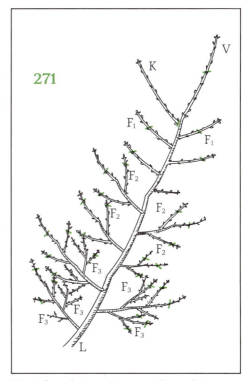

271 *Aufbauschnitt an einem vierjährigen Leitzweig: Der Verlängerungstrieb wird angeschnitten, das Fruchtholz kürzt man ein*

Der Schnitt der Beerenobstgehölze

Der mittelstark wachsende Johannisbeerstrauch in Beispiel **272** wurde innerhalb von 5 Jahren aufgebaut und hat 11 Leitzweige *(L)* einschließlich Verjüngungstriebe *(L_1)*. Das Fruchtholz *(F)*, dessen systematische Entwicklung **271** zeigt, ist in Abb. **272** wegen der besseren Übersichtlichkeit nur teilweise dargestellt. Während man schwach bis mittelstark wachsende Sorten durch junge Bodentriebe immer wieder verjüngen muß, kommen starkwüchsige Sorten mit der Hälfte der Leitzweige aus, wenn man sie mehr als ein Jahrzehnt stehen läßt, so daß sich volle Büsche bilden. Das abgetragene Fruchtholz leitet man auf ein- bis zweijährige Triebe ab und kürzt die Leitzweige *(L)* alle paar Jahre etwas ein. Alle nachwachsenden Bodentriebe werden im letzteren Fall entfernt.

Stämmchen: Nach bisherigen Erfahrungen braucht man mindestens 3 Jahre, um eine leistungsfähige Krone aufzubauen. Die Verlängerungstriebe der 4 bis 5 Leitzweige werden jährlich um 1/3 zurückgeschnitten, damit die Krone sich gut verzweigt, aber nicht zu umfangreich wird. Auch das seitliche Fruchtholz ist jährlich auf 3 bis 4 Knospen zu kürzen. In der Aufbauzeit kommt nur dann ein junger Leittrieb hinzu, wenn eine größere Lücke zu füllen ist. Oberseitenholz darf

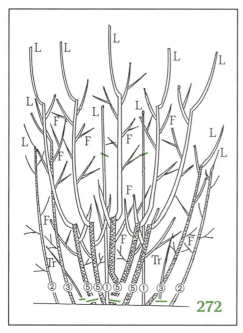

272 *Vollständig aufgebauter Strauch einer Roten Johannisbeere*

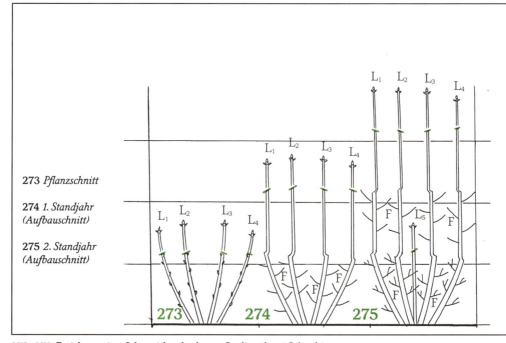

273 *Pflanzschnitt*

274 *1. Standjahr (Aufbauschnitt)*

275 *2. Standjahr (Aufbauschnitt)*

273–278 *Erziehung einer Johannisbeerhecke am Spalier über 6 Jahre hinweg*

nicht zu üppig werden, sonst verdichtet es die Krone und erschwert das Eindringen von Licht und Luft. Junges Seitenholz an zwei- bis vierjährigen Leitzweigen bringt die besten Erträge.

Hecken am Drahtspalier (274–277): Hier ist jährlich darauf zu achten, daß sich senkrechte Verlängerungstriebe bilden. Sie werden im Herbst um 1/4–1/3 auf gleiche Höhe zurückgeschnitten und am Spalierdraht angebunden.

Da für Fruchtholz nicht viel Platz ist, hält man es kürzer als bei der Strauchform **(271)**. Im 2. Sommer kann man bereits 1 bis 2 Verjüngungstriebe **(275: L_5)** nachziehen. Auch sie werden wie die Verlängerungstriebe der Leitzweige *(L)* gekürzt.

Im 3. Sommer **(276)** läßt man nochmals die Entwicklung von 1 bis 2 Bodenverjüngungstrieben *(L_6, L_7)* zu, damit man später zu Beginn des Ertragsschnittes, wenn die ältesten Bodenzweige **(278; L_2, L_3)** herausgenommen werden, bereits jüngeres, fruchtendes Holz hat. Die Weiterentwicklung im letzten Sommer der Aufbauzeit zeigt **277**. Es sind jetzt bereits 4 »Jahrgänge« Fruchtholz vorhanden: das jüngste ist unverzweigt, das älteste verzweigt sich mehrfach. Der Rück- und Wegschnitt auf Abzweigung muß sich nach den Licht- und Platzverhältnissen richten.

Rote und Weiße Johannisbeere

Ertrags- oder Erhaltungsschnitt

Hiermit sollte man ab dem 4. bis 5. Standjahr beginnen. Während bisher in der Ruhezeit geschnitten wurde, kann der Schnitt jetzt gleich nach der Ernte stattfinden. Bodennahe Wunden sollten verstrichen werden.

Sträucher bzw. Büsche: Das Auslichten beginnt mit dem Wegschnitt des ältesten Holzes dicht am Boden **(272: L_5)**. Von den fünfjährigen Leitzweigen werden zunächst 2 bis 3 entfernt. Ein Jahr später sind dann die übrigen »5er« an der Reihe. Als Ersatz bleiben jeweils zwei kräftige Jungtriebe stehen, die man um 1/3 kürzt. Überzählige und schwache Triebe *(Tr)* werden bodennah entfernt. Hiermit kann schon im Juni begonnen werden, wenn dann bereits mehr als 5 Schößlinge vorhanden sind. Die Verlängerungstriebe der übrigen Leitzweige *(L)* schneidet man bei starkwüchsigen Sträuchern nicht mehr an, man kann jedoch die Spitzenknospen gleichmäßig bis auf mittlere Höhe kappen. Bei schwach bis mittelstark wachsenden Sträuchern dagegen ist ein Anschnitt der Leitzweige nötig; die Verlängerungstriebe werden

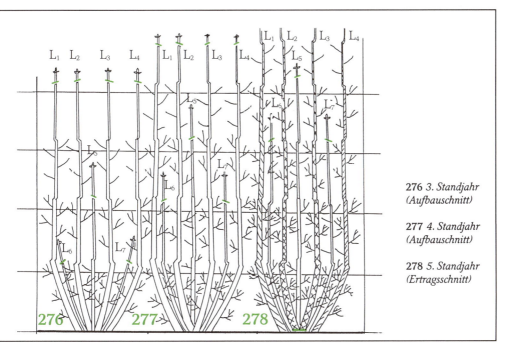

276 3. Standjahr (Aufbauschnitt)

277 4. Standjahr (Aufbauschnitt)

278 5. Standjahr (Ertragsschnitt)

Der Schnitt der Beerenobstgehölze

hierbei mindestens um 1/3 zurückgenommen. Auch bei schwacher Verzweigung wird nach dieser Methode vorgegangen.

Stämmchen: Verlängerungstriebe der Leitzweige und des Seitenholzes sind nach wie vor zurückzuschneiden, und zwar etwas stärker als in der Aufbauzeit. Außerdem entfernt man abgetragenes Holz bis zu einer tiefer stehenden Abzweigung. Dadurch wird einer zu frühen Erschöpfung entgegengewirkt. Wenn das basisnahe Fruchtholz zunehmend abstirbt, sollte man bald an eine Trieberneuerung denken. Dafür werden basisnahe Langtriebe aus den Leitzweigen herangezogen, sofern sie vorhanden sind. Ist dies nicht der Fall, so schneidet man die Krone auf halbe Höhe zurück, um die Entstehung solcher Verjüngungstriebe aus der Basis zu fördern. Danach sind 2 bis 3 Aufbauschnitte erforderlich.

Hecken (278): Da immer weiter Neutriebe aus dem Boden nachwachsen, wird ähnlich wie bei den Sträuchern verfahren, wobei man jedoch das Seiten- oder Fruchtholz auf 3 bis 4 Knospen anschneidet; Fruchtholz unter 20 cm Länge wird nur entspitzt. Starke Oberseitentriebe auf den schräg stehenden Leitzweigen sind mit Astring zu entfernen, falls keine Verwendung für solche Schößlinge besteht.

Vernachlässigte Sträucher

Durch starkes Auslichten des ältesten, dicksten, dunkelgefärbten Holzes und der schwächsten, hellen Triebe kann man vernachlässigte Sträucher wieder zu neuer Leistung anregen. Es ist durchaus möglich, die Hälfte aller Bodenzweige auf einmal herauszuschneiden. Der verstärkte Zutritt von Licht und Luft gewährleistet, daß wieder bessere Beeren heranreifen können. Allerdings darf man von alten Sträuchern nach starker Verjüngung kein Wunder erwarten. Wenige Jahre nach dieser Maßnahme sollte man nach neuen, leistungsfähigen Sorten Ausschau halten und sich von den alten Sträuchern trennen.

Die Schwarze Johannisbeere

Diese Art mit ihren vitaminreichen Früchten ist in unseren Gärten noch viel zu wenig anzutreffen. Häufig wird sie wie die Rote Johannisbeere geschnitten, doch das ist nicht vorteilhaft. Es gab sogar eine Zeit, in der man die Bodenzweige erst nach 7 Jahren entfernte bzw. sie auf jüngere Basiszweige zurücknahm. Da die Schwarze Johannisbeere aber an ein- und zweijährigen Leitzweigen am besten fruchtet und der Höhepunkt der Leistungskraft nach der 2. Ernte bereits überschritten ist, sollte man das Holz nicht länger im Strauch lassen.

Die Schwarze Johannisbeere liefert in Strauchform die höchsten Erträge, Stämmchen sind nur halb so fruchtbar.

Auch der Anbau als Hecke am Drahtrahmen ist möglich. Aufgrund des sparrigen Wuchses und des schnellen Umtriebes der Leitzweige ist diese Anbauform jedoch wenig befriedigend, weshalb sie auch selten in Gärten zu finden ist. Entsprechend soll hier nur kurz auf den Erziehungsschnitt hingewiesen werden: Man verfährt wie bei der Roten Johannisbeere, die abgetragenen Zweige werden aber bereits im 3. Standjahr weggeschnitten.

Pflanzschnitt

Zu bevorzugen ist Pflanzware mit 4 bis 6 kräftigen Trieben **(279)**. Die Pflanzen sind so tief in den Boden zu setzen, daß alle Triebe mit wenigstens 2 bis 3 Knospen unter die Oberfläche kommen. Damit erreicht man einen regelmäßigen, reichen »Nachschub« an Jungtrieben. Nach der Pflanzung erfolgt ein sehr starker Rückschnitt (vgl. Schnittstriche) etwa 5 cm, über dem Boden; nur 1 bis 2 oberirdische Knospen sollten übrigbleiben. Geschnitten wird schräg über einer äußeren Knospe, damit sich der Strauch von Anfang an breit entwickelt. Schwache, überzählige Triebe *(Tr)* schneidet man dicht am Boden weg.

Aufbau- oder Erziehungsschnitt

Im 1. Standjahr läßt man alle Triebe wachsen **(280)**. Wenn kräftige Verlängerungs- oder Leittriebe (L_1) entstehen, gibt es auch ein reich verzweigtes Wurzelwerk, das für die weitere Entwicklung der Sträucher eine wichtige Voraussetzung ist. Zeigen sich schwache Triebe, so duldet man sie im ersten Sommer noch und entfernt sie dann im Februar/März. Die Leittriebe werden nicht geschnitten.

Im 2. Standjahr (281) fruchten die vorjährigen Triebe oder Leitzweige (L_1), im günstigsten Fall entwickeln sich auch weitere Leittriebe aus dem Boden. Von diesen läßt man nicht mehr als 5 bis 6 der kräftigsten stehen (L_2). Im Februar/März entfernt man überzählige, schwache und zu eng stehende Triebe *(Tr)* am Boden. Mehr muß nicht geschnitten werden.

Im 3. Standjahr (282) fruchten 2 »Jahrgänge« der Leitzweige (L_1, L_2). Danach sind für L_1 die beiden besten Tragjahre vorüber, weshalb man sich nach der Ernte ohne Zögern von den Leitzweigen dieses Alters trennen sollte, indem man sie bodennah wegschneidet.

Als Ersatz sind die Leittriebe L_3 hinzugekommen, so daß nach dem Schnitt wieder 10 Fruchtzweige für das nächste Jahr zur Verfügung stehen. Überzählige Triebe *(Tr)* werden zur selben Zeit dicht am Boden entfernt. Reicht der Ersatz durch L_3 nicht aus, was häufig auf Wasser- und Nährstoffmangel zurückzuführen ist, so kann man ausnahmsweise die besten Leitzweige des ersten Jahres (L_1) noch ein weiteres Jahr nutzen. Nach ausreichender Düngung und Wasserzufuhr dürfte sich der »Nachschub« durch neue Triebe aus dem Boden wieder verbessern.

Ertrags- oder Erhaltungsschnitt

Das Prinzip des 3. Aufbauschnittes **(282)** wird in den nächsten Jahren beibehalten. Bilden sich mehr neue Leittriebe aus dem Boden als vorher

Die Schwarze Johannisbeere

angegeben, so kann man bei weitem Pflanzenabstand dem Strauch auch 18 bis 20 Leitzweige belassen. Der 3-Jahres-Turnus wird jedoch nicht geändert: wenn 18 Leitzweige vorhanden sind, sollten 12 fruchten, von denen nach der Ernte die 6 älteren bodennah entfernt werden.

Hat sich an der Basis eines älteren Leitzweiges **(282:** L_{1a}**)** ein längerer Jungtrieb *(J)* entwickelt, so kann man diesen als neuen Leittrieb nutzen, indem man den älteren (L_{1a}) bei a wegschneidet. Erfahrungsgemäß ist dieser Basistrieb aber nicht so leistungsfähig wie ein junger, starker Bodentrieb. Man wird solche Seitentriebe nur dann verwenden, wenn aus dem Boden nicht genügend Leittriebe nachwachsen.

Wo Seitentriebe *(S)* den Strauch zu dicht machen, werden sie am besten entfernt. Besonders lange Leitzweige kann man auf die mittlere Höhe der anderen Jahreszweige zurücksetzen. Ansonsten ist wegen des raschen dreijährigen Umlaufs kein Einkürzen nötig. Diese Schnittmethode hält die Sträucher lange jung und leistungsfähig. Sie birgt aber auch die Gefahr in sich, daß die wegen des fehlenden Anschnittes weniger stabilen Zweige leicht zu Boden gedrückt werden oder anbrechen. Man muß sie dann noch vor der Ernte herausnehmen.

Verjüngungsschnitt

Auch der Verjüngungsschnitt ist unproblematisch. Gut gepflegte und geschnittene Sträucher bleiben 15 bis 20 Jahre triebfähig und ertragreich.

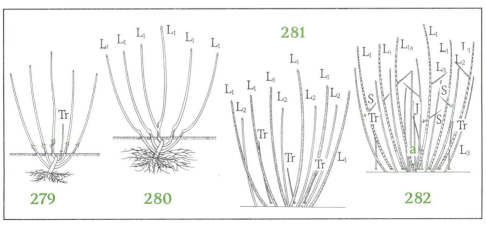

279 *Pflanzschnitt*   280 *1. Standjahr*   281 *2. Standjahr*   282 *3. Standjahr*

Der Schnitt der Beerenobstgehölze

Danach zeigen sich in der Regel Ermüdungserscheinungen, indem Bodentriebe mehr und mehr ausbleiben. Der Zeitpunkt für eine Erneuerung ist also gekommen.

Am einfachsten verringert man dazu die Zahl der Leitzweige und -triebe, wobei man von jedem Jahrgang 1 bis 2 entfernt. Zeigt das auch im 2. Jahr noch keine Wirkung, sollten die vorhandenen Bodenzweige auf 1/3 gekürzt werden; zusätzlich läßt sich durch Düngung, Bewässerung und Bodenbedeckung der Bodenaustrieb anregen.

Etwas anders geht man bei sehr alten, dichten Sträuchern vor. Hier werden zunächst die überalterten, dicken, schwarzen Äste und solche Zweige, die älter als 3 Jahre sind, herausgenommen. Außerdem entfernt man die schwächsten Jungtriebe und alles bodennahe Holz, das niederliegt oder angebrochen ist. Mehr als 10 bis 15 Leitzweige und kräftige Bodentriebe sollten nicht stehenbleiben. Größere Schnittwunden sind zu verstreichen, da das Holz der Schwarzen Johannisbeere gegen Infektionen sehr anfällig ist.

Schnitt der Stammform

Stammkronen sind nur etwa halb so ertragreich wie Sträucher und erreichen kaum ein Alter von 10 Jahren. Viele Gartenbesitzer, gerade auch ältere Hobby-Obstgärtner, ziehen jedoch das bequeme Arbeiten, das die Stammform bietet, vor.

Nach dem Pflanzen kürzt man 4 bis 5 kräftige Kronentriebe auf 8 bis 10 cm, und zwar auf eine Außenknospe und möglichst auf Saftwaage. Überzählige Triebe, insbesondere schwache, werden entfernt.

Im 1. Standjahr sollen sich kräftige Verlängerungstriebe bilden. Sie werden im Winter um 1/3 zurückgeschnitten.

Im 2. Standjahr fruchten die vorjährigen Kronentriebe bereits und verlängern sich. Möglicherweise bilden sich weitere Jungtriebe aus der Basis. 4 bis 5 kräftige Neutriebe genügen. Verlängerungstriebe und basisnahe Jungtriebe werden um 1/4 bzw. 1/2 der Länge gekürzt, störende nimmt man weg.

Im 3. Standjahr vervollständigt sich die Krone. 2 Jahrgänge fruchten, der älteste Jahrgang wird nach der Ernte durch Ableiten auf einen basisnahen Jungtrieb entfernt. Die neuen Verlängerungstriebe kürzt man um 1/3, die Seitentriebe auf die Hälfte ein. Auch in den folgenden Jahren ist auf diese Weise zu verfahren. Die Krone wird dann nicht zu schwer und bleibt lange leistungsfähig. Verjüngende Maßnahmen kann man wie bei den Sträuchern durchführen.

Die Stachelbeere

Diese Beerenobstart ist fast ebenso beliebt wie die Johannisbeere und kann als Stämmchen, Strauch und Hecke gezogen werden. **Sträucher** haben einige Nachteile. Sie sind nicht nur schwierig zu bearbeiten und zu pflegen, sondern werden auch durch den vorhandenen Bodenkontakt leicht von Krankheiten und Schädlingen befallen. Daher sollte die Stachelbeere möglichst nur in **Stammform** erzogen werden, die überhängenden Sorten in jedem Fall. Der Schnitt der Stämmchen wird deshalb hier am ausführlichsten besprochen.

Fußstämmchen mit 20–30 cm Stammhöhe wachsen auf eigenen Wurzeln und können aus einem Strauch erzogen werden.

Knie-, Halb- und Hochstämmchen mit 40–120 cm Stammhöhe sind auf die Goldjohannisbeere veredelt und brauchen einen Stützpfahl, der etwas in die Krone reicht. An diesen werden sie über der Veredlungsstelle bzw. dicht unter der Krone fest angebunden.

Unabhängig von der Stammhöhe gelten für alle Stämmchen dieselben Schnittregeln, die jedoch auf Sträucher nicht anzuwenden sind. Für die Kronentriebe ist ein jährlicher Rückschnitt in der Aufbauzeit von Vorteil. Sträucher dagegen können – abgesehen vom Pflanzschnitt – ohne Anschnitt auskommen. Regelmäßiges Entspitzen hat aber den Vorteil, daß sich mehr Seitentriebe bilden und daß der Amerikanische Stachelbeermehltau, der an den Triebspitzen überwintert, besser in Schach gehalten wird. Sträucher lassen sich leicht durch Bodentriebe verjüngen. Kronen dagegen bringen aus der Basis nur selten Verjüngungstriebe hervor, man muß mehr zurückschneiden und ableiten.

Stachelbeeren beginnen schon sehr früh zu treiben. Der Hauptzuwachs findet im April und Mai statt. Der Johannistrieb, ein zweiter Austrieb im Juni/Juli, ist nur schwach. Die besten Früchte bilden sich an den vorjährigen Seitentrieben des

zwei- bis dreijährigen Holzes. Aber auch ältere Leitzweige bringen noch gutes Fruchtholz. Deshalb braucht nicht so streng geschnitten zu werden wie bei der Schwarzen Johannisbeere; das Holz kann bedenkenlos 3 bis 4 Jahre stehenbleiben.
Dicke Lederhandschuhe sind sehr empfehlenswert, sie schützen vor Verletzungen bei den Schnittarbeiten. Der Schnittabfall wird am besten in einem Eimer oder einer Schubkarre gesammelt und aus dem Garten entfernt.

Pflanzschnitt

Damit sich im 1. Standjahr kräftige Triebe und reichlich Wurzeln bilden, darf es an Wasser und Nährstoffen nicht fehlen.

Stämmchen behalten etwa 4 bis 5 Kronentriebe **(283: *L*)**. Sie werden auf halbe Länge angeschnitten, im allgemeinen auf eine obere, also nach innen weisende Knospe. Überzählige Basistriebe sind auf Astring zu entfernen. Wenn man Fußstämmchen aus Sträuchern heranziehen will, wählt man einen kräftigen, senkrecht gewachsenen Trieb als Stamm und als Grundlage der Kronenbildung, kürzt ihn auf 50 cm über dem Boden ein und schneidet die unteren 30 cm von Verzweigungen frei.

Sträucher behalten 5 bis 7 kräftige Bodentriebe, die übrigen werden am Boden entfernt. Wenn der zwei- bis dreijährige Strauch nicht zu wurzelschwach ist, genügt es, die Triebe auf eine obere Knospe zu entspitzen, wobei man sie etwa auf gleiche Höhe bringt. Andernfalls schneidet man die Leittriebe bis um 1/3 zurück. Ansonsten ist jedoch ein langer Anschnitt zu bevorzugen, da sich dann bodennah keine Verzweigungen bilden. Sie würden bald den Boden berühren, was die Gefahr von Krankheitsbefall erhöht; außerdem behindern sie den notwendigen Zutritt von Licht und Luft ins Strauchinnere.

Aufbau- oder Erziehungsschnitt

Sowohl Stämmchen als auch Sträucher lassen sich bis zum 4. Standjahr aufbauen. Die besten Früchte erntet man vom vorjährigen Seitenholz zwei- bis dreijähriger Leitzweige, die deshalb möglichst nicht älter werden sollten.

Stämmchen: 4 bis 5 Leitzweige bilden ein ausreichendes Kronengerüst. Nach dem Pflanzschnitt **(283)** hat sich die Krone in allen Teilen verzweigt **(284)**. Beim *1. Aufbauschnitt* kürzt man die Verlängerungstriebe *(LV)* auf etwa halbe Länge, nach Möglichkeit auf eine obere, also nach innen weisende Knospe, da hieraus entstehende Triebe weniger zum Überhängen neigen. Auch die Seitentriebe *(S)* werden in den ersten Jahren auf eine obere Knospe gekürzt, und zwar etwa um 1/3. Die Ansicht der Krone nach dem Aufbauschnitt **(284)** vermittelt ein wenig den Eindruck von Dichte bzw. Überlagerung. Wie locker und licht jedoch alles noch ist, zeigt die Draufsicht **286** auf den linken Leitzweig *(L_2)*. Die Abb. demonstriert außerdem den Pflanzschnitt zweier Leittriebe *(L_1, oben und unten)*.

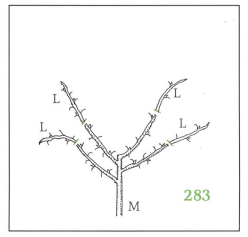

283 *Pflanzschnitt eines Stachelbeerstämmchens*

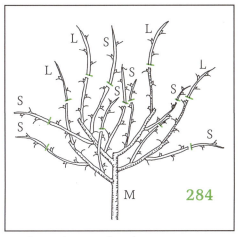

284 *Stämmchen: 1. Aufbauschnitt*

Der Schnitt der Beerenobstgehölze

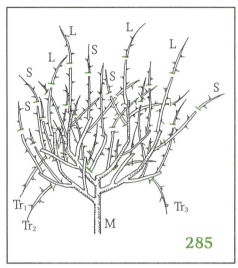

285 *Stämmchen: 2. Aufbauschnitt*

Der 2. Aufbauschnitt **(285)** erfolgt im nächsten Spätwinter. Die Verlängerungstriebe der Leitzweige *(L)* werden nur noch um 1/3, die der Seitentriebe *(S)* um 1/4 angeschnitten. Triebe bis 20 cm Länge bleiben ungekürzt. Auch hier täuscht der Anblick von der Seite eine dichte Krone vor. Die Draufsicht **(286)** auf den Leitast L_3 zeigt jedoch, daß nach dem Schnitt kein weiteres Auslichten nötig ist. Bei Fußstämmchen sind bodennahe Triebe **(285;** Tr_1–Tr_3**)** grundsätzlich bis 40 cm Höhe zu beseitigen.

Sträucher (287): Zu den vorjährigen Trieben gesellen sich im 2. Standjahr weitere Bodenschößlinge hinzu. Jährlich werden nur 1 bis 3 starke, senkrecht wachsende Verjüngungstriebe benötigt. Alle übrigen Bodenschößlinge sind über der Erde wegzuschneiden.

Nach der Ernte werden drei- bis vierjährige Bodenzweige ganz oder bis zu einem unteren, aufrecht stehenden Seitentrieb *(S)* entfernt. Sie sind dann im nächsten Jahr durch die entsprechende Zahl an Jungtrieben zu ersetzen.

Die Verlängerungstriebe der Leitzweige können im 2. Jahr noch etwas eingekürzt werden. Zur Abwehr des Amerikanischen Stachelbeermehltaus sind alle Verlängerungstriebe bei Winterausgang zu entspitzen. Überhängende Zweige werden entfernt oder aufgeleitet *(a_2)*. Beobachtet man stark

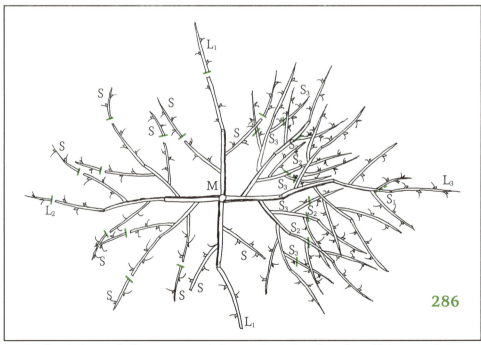

286 *Die Draufsicht zeigt die Kronenzweige nach dem 1. und 2. Aufbauschnitt (L_1 und L_2) sowie nach dem 1. Ertragsschnitt (L_3)*

überhängenden Wuchs schon bei jungen Sträuchern, dann sollte man sich für eine Erziehung zum Fußstämmchen entscheiden (s. Pflanzschnitt). Seitenholz ist so licht zu halten, daß ungestört geerntet werden kann. Anfangs wird es etwas stärker eingekürzt, als das später der Fall ist. Durch das Einkürzen gewinnt man größere Früchte. Von ungekürzten Trieben wird allerdings mehr geerntet, und es gibt weniger störende Verzweigungen. **288** zeigt die Draufsicht auf einen vierjährigen Gerüstoder Leitzweig *(L)*, bei dem die Seitentriebe gekürzt *(k)* oder weggeschnitten *(s)* wurden, damit der Strauch locker bleibt. Wo es möglich ist, schneidet man das Seitenholz an der Basis länger als an der Spitze. Einzelne Seitentriebe zwischen den Zweigen sind kurz zu halten.

Ertrags- oder Erhaltungsschnitt

Stämmchen: Mit dem bis dahin aufgebauten Kronengerüst muß man lange zurechtkommen, da es an basisnahen Verjüngungstrieben meist fehlt. Wenn sich einmal im unteren Drittel der Krone ein steiler Jungtrieb anbietet, sollte der Leitzweig bis zu diesem weggeschnitten werden (vgl. **287: S**). Beim Aufbauschnitt wurden bereits wichtige Hinweise gegeben, die auch hier zu beachten sind.
Die Verlängerungstriebe der Leitzweige (**286:** L_3) werden nun nicht mehr angeschnitten. Zu lange Zweige leitet man auf einen Seitentrieb *(S_1)* ab oder auf. Auf diese Weise läßt sich die Kronenausdehnung immer wieder einschränken. Bei Befall mit Stachelbeermehltau müssen alle Triebe im Winter entspitzt werden.
Um das Kroneninnere licht zu halten, sind störende Seitentriebe entweder wegzuschneiden *(S_2)* oder auch einzukürzen *(S_3)*. Das Seitenholz kann, je nach Erfordernis, ganz unterschiedlich geschnitten werden. Läßt man es ungekürzt, erhöht sich der Ertrag, und das Ausmaß der Verzweigung verringert sich; durch das Kürzen dagegen wird zwar die Fruchtqualität verbessert, aber auch die Verzweigung gefördert. Nach innen wachsendes Seitenholz muß in jedem Fall stärker gelichtet und kürzer gehalten werden als das an der Außenseite. Mitunter hilft es, Seitentriebe (**288**) abwechselnd lang und kurz zu halten. Ein wichtiges Ziel dabei ist die Erleichterung der Ernte.
Sträucher: Vom 4. Standjahr an sind die ältesten Bodenzweige nach der Ernte zu entfernen, entweder bodennah oder aber bis zu einem kräftigen

Die Stachelbeere

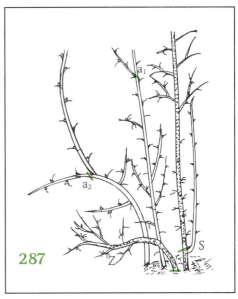

287 *Teilansicht eines Stachelbeerstrauches*

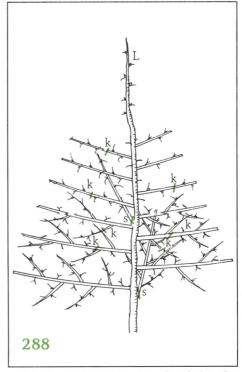

288 *Aufbauschnitt bei Sträuchern (Draufsicht auf einen vierjährigen Leitzweig)*

Der Schnitt der Beerenobstgehölze

Steiltrieb (vgl. **287**: *S*). Letzteres wird notwendig, wenn es an jungen Ersatztrieben aus dem Boden fehlt. Bodenzweige, die 3 bis 4 Ernten gebracht haben, entfernt man und ersetzt sie durch Neuzuwachs.

Von den kräftigen, aufrecht wachsenden Jungtrieben werden jährlich 1 bis 3 gebraucht. Alle übrigen beseitigt man. Ein älterer Stachelbeerstrauch sollte nach dem Schnitt nicht mehr als 8 bis 10 locker verteilte Bodenzweige und -triebe besitzen.

Zu lange oder mäßig gewachsene Leitzweige werden abgeleitet **(287: a_1)**, überhängende auf einen ansteigenden Trieb oder Zweig aufgeleitet *(a_2)*. Bodennahe Zweige *(Z)* sind jederzeit basisnah abzuschneiden.

Zu dicht stehendes Seitenholz nimmt man auf kürzere, günstig stehende Seitentriebe höherer Ordnung zurück, teilweise muß man es auch wegschneiden. Zur Basis sind Verzweigungen länger zu halten als zur Spitze **(288)**, falls im Strauchinnern genug Platz vorhanden ist. Wird jedes Jahr nach der Ernte bis zum Frühwinter so verfahren, kann man ohne stärkere Verjüngung 15 bis 20 Jahre lang mit guten Erträgen rechnen.

Verjüngungsschnitt

Wenn Sträucher oder Stämmchen sich ab dem 10. bis 15. Standjahr zu erschöpfen drohen und trotz genügenden Auslichtens der Triebzuwachs zu schwach ist, sollte man sich zur Verjüngung durch einen stärkeren Rückschnitt entschließen. Die Gehölze werden dann um 1/3 bis zur Hälfte der Höhe heruntergesetzt, bei Bedarf noch ausgeglichen und danach etwas mehr gewässert und gedüngt. Nach dieser Behandlung kann man im allgemeinen mit kräftigeren Jungtrieben rechnen.

Wenn die Vergreisung schon sehr weit fortgeschritten ist, was sich an der Aufkahlung der Basis und an absterbenden Spitzen zeigt, dann hilft bei der **Strauchform** manchmal noch ein Rückschnitt bis zum Boden, der lediglich einige kräftige junge Triebe übrig läßt, die man zum Schluß einkürzt.

Bei **Stämmchen** darf die Verjüngung nicht so radikal erfolgen, sondern wird allmählich, im Verlauf von 2 bis 3 Jahren vorgenommen. Im ersten Jahr schneidet man die Leitzweige um 1/3 zurück, ein Jahr später nochmals, wobei man anstrebt, teilweise schon auf Neutriebe zu kommen. Im 3. Jahr werden die übrigen Leitzweige auf geeignete Neutriebe aufgeleitet. Das sonstige Seitenholz wird ausgelichtet, indem man das ältere entfernt. Nach 2 Aufbauschnitten setzt der Ertragsschnitt wieder ein. Der beste Zeitpunkt dafür ist bald nach dem Laubfall, weil dann der geringste Saftverlust eintritt.

Die Jostabeere

Dieser für unsere Gärten grundsätzlich empfehlenswerte Strauch ist eine Kreuzung aus Schwarzer Johannisbeere und Stachelbeere und wächst stärker als seine Kreuzungseltern bzw. als die üblichen Johannis- und Stachelbeeren. Die Austriebszeit im Frühjahr liegt zwischen der der beiden Ausgangsarten. Der Schnitt muß deshalb im Spätwinter gleich nach dem der Stachelbeere erfolgen, im Sommer bald nach der Ernte. Früchte werden sowohl an einjährigen Trieben wie auch an Fruchtspießen des älteren Holzes gebildet, so daß die Zweige nicht so rasch aufkahlen.

Die mit 2 m Abstand zu pflanzenden Sträucher haben keinen Pflanzschnitt nötig. Lediglich ungleichmäßiger Wuchs sollte mit der Schere ausgeglichen werden. Die Gerüstzweige dürfen sich aststark entwickeln, eine turnusmäßige Erneuerung ist während dieser Zeit nicht notwendig. Deshalb werden nur ganz wenige Bodenjungtriebe gebraucht, wobei man solche mittlerer Stärke bevorzugt, da sie fruchtbarer sind als zu wüchsige. Überzählige Bodenschößlinge sind stets zu entfernen.

Der etwas unordentlich wachsende Strauch kann durch Einkürzen der gekrümmten Triebe und Zweige zu strafferer Form gebracht werden, was allerdings auf Kosten der Fruchtbarkeit geht. Im Zuge des Auslichtens sollte zu langes Seitenholz gekürzt werden. Bodennahe Verzweigungen sind zur Vermeidung von Infektionen jederzeit wegzuschneiden. Zwar ist der Strauch recht robust, unnötige Risiken sollte man jedoch ausschalten, indem man durch gute Bodenpflege und angemessenen Schnitt die Widerstandskraft fördert. Regelmäßiges Auslichten verbessert die Fruchtqualität. Flach gerichtete Zweige bringen mehr Früchte als steil wachsendes Holz.

Die Himbeere

Während es sich bei den bisher besprochenen Beerenobstarten um Sträucher handelt, wird die Himbeerpflanze den Halbsträuchern zugeordnet, da ihre Sprosse im 2. Jahr absterben, nachdem sie Früchte getragen haben.

Einmaltragende Sorten entwickeln im 1. Jahr etwa 2 m hohe Ruten und müssen an einem Drahtgerüst gezogen werden. Die Jungruten **(293)** sind seitlich mit Blättern und Augen besetzt. Aus diesen Augen treiben sie im 2. Jahr das Fruchtholz. Nach der Ernte haben die Altruten **(294)** ausgedient, sie sterben, wie erwähnt, ab. Inzwischen sind wieder Jungruten gewachsen. So ergibt sich ein 2-Jahres-Turnus, auf den man sich mit dem jährlich wiederkehrenden Schnitt einstellt.

Im Pflanzjahr

Der Pflanzschnitt **(289)** wird im Frühjahr vorgenommen. Dabei schneidet man die einjährigen Ruten auf 30–40 cm über dem Erdboden zurück, wodurch man sich einen kräftigen Durchtrieb der Wurzelknospen sichert.

Wenn die jungen Bodentriebe etwa 15 cm hoch sind **(290, 292)**, schneidet man die eingekürzten Pflanz- oder Altruten **(291)**, die noch nicht gefruchtet haben, bodennah oder – noch besser – unter der Bodenoberfläche weg. Dies ist eine ganz wichtige Vorsichtsmaßnahme gegen die Rutenkrankheit, die von vorjährigen Ruten ausgehen kann. Nur wenn man den Sporenflug im Frühjahr durch die genannte Maßnahme verhindert, können die jungen Pflanzen gesund bleiben, andernfalls hat man später ständig Schwierigkeiten und muß mit großen Ernteverlusten rechnen.

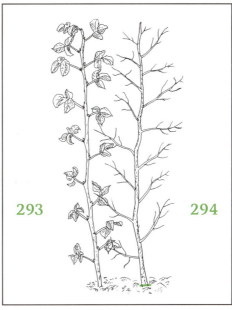

293, 294 Nach der Ernte werden die Altruten (294) entfernt

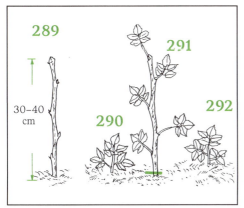

289–292 Entwicklung und Schnitt von Himbeerruten im Pflanzjahr

Überzählige Jungruten sollten im Mai/Juni entfernt werden – auch in den darauffolgenden Jahren –, entweder durch Ausziehen, durch Ausstechen in 5–10 cm Tiefe oder durch Abschneiden. Diesen Schnitt kann man auch nach der Ernte oder im Winter nachholen. Je früher er jedoch vorgenommen wird, desto weniger Licht und Nährstoffe werden den Pflanzen vorenthalten. Je laufenden Meter benötigt man 10 Ruten, die möglichst gleichmäßig verteilt stehen. Bei Bedarf sind die jungen Bodenruten am Drahtgerüst anzuheften (vgl. **295–297**).

Schnitt nach der Ernte

Zwischen den diesjährigen Ruten **(293)** sind die vorjährigen, jetzt abgeernteten Altruten **(294)** mit den Resten der seitlichen Fruchttriebe deutlich erkennbar. Die abgeernteten Ruten haben nun ausgedient. Man sollte nicht warten, bis sie abgestorben sind, sondern sie sofort nach der Ernte dicht am Boden wegschneiden, verbrennen oder aus dem Garten entfernen. Stümpfe dürfen nicht

Der Schnitt der Beerenobstgehölze

sichtbar bleiben, sondern werden mit Mulchmaterial wie Stroh oder Laub bedeckt. Diese Maßnahmen wirken der Ausbreitung der Rutenkrankheit entgegen.

Von den diesjährigen Ruten werden je laufenden Meter nur die 10 kräftigsten ausgewählt, da von ihnen die besten Erträge zu erwarten sind. Sie sollen möglichst in einer Reihe stehen und werden an die Drähte gut verteilt angebunden oder angeklammert. Wurden die überzähligen und aus der Reihe herausgewachsenen Jungruten noch nicht entfernt, so sollte das jetzt nachgeholt werden.

Soll man Jungruten kürzen?

Diese Frage wird von Gartenbesitzern immer wieder gestellt. Bei normalem Wuchs braucht man die Triebe nicht zu entspitzen **(295)**, wenn sie zeitig mit einer Endknospe abschließen. Bei nassem Spätsommerwetter allerdings wachsen die Ruten manchmal bis in den September hinein, was nicht günstig ist. In diesem Fall sollte man sie Ende August entspitzen **(296)**. Davon profitieren besonders die Achselknospen. Nicht ausgereifte Triebspitzen erfrieren im Winter meist, vertrocknen und sind wegzuschneiden.

Im übrigen kann man zu lange Ruten gleich beim Nachernteschnitt bis auf günstige Erntehöhe zurückschneiden. Gegen das bogenartige Herunterbinden der Spitzen **(297)** spricht, daß die Beschattung der Ruten zunimmt. Weniger Licht bedeutet stets verminderten Blüten- und Fruchtansatz. Bei günstigem Sonnenstand, also bei geringer Beschattung, kommt es nach dem Herunterbinden zu Saftstauungen und damit zur Kräftigung der Seitenknospen.

Zweimaltragende Sorten

Diese sind im Schnitt anders zu behandeln, vor allem dürfen sie keinesfalls entspitzt werden. Die Pflanzen wachsen nur etwa 1 m hoch und brauchen kein Spalier. Im Herbst bringen die diesjährigen Ruten bereits die 1. Ernte. Im nächsten Frühsommer fruchten sie nochmals, danach ist ihre Aufgabe beendet. Wer *beide Ernten* nutzen möchte, hat von der Herbsternte nur wenig, denn sie beginnt recht spät und bringt überwiegend fade schmeckende Beeren. Wer dagegen *nur die Herbsternte* nutzen will, erntet früher und erhält Früchte von besserer Qualität. Noch vor dem Winter schneidet man dann sämtliche Ruten dicht am Boden weg und breitet darüber 5 cm hoch Grobkompost aus. Die im nächsten Frühjahr wachsen-

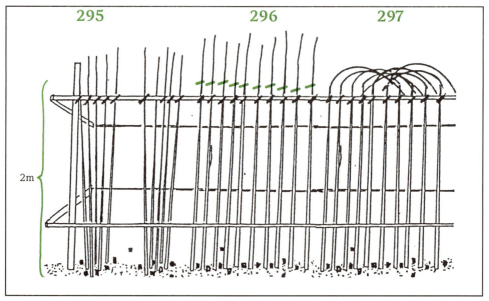

295–297 *Himbeeren am Spalier; auf 1 m stehen 10 Ruten, die bis zum 3. Standjahr nicht eingekürzt werden* **(295)**. *In den nachfolgenden Jahren muß man zu lange Ruten zurückschneiden* **(296)**. *Eine andere Möglichkeit ist das Herunterbinden* **(297)**; *wenn es zur Beschattung führt, ist das Einkürzen vorzuziehen*

den Ruten bringen wieder eine frühe und gute Ernte im darauffolgenden Herbst.
Bleiben die Ruten nun aber im 2. Jahr stehen, wachsen dazwischen im Frühling neue, junge Triebe. Dann wird es oft sehr eng, die Lichtverhältnisse verschlechtern sich, so daß es ratsam ist, schwächere Triebe zu entfernen. Die Herbsternte beginnt nun wieder spät und läßt zu wünschen übrig. Nach der Sommerernte sind deshalb die Altruten sofort herauszuschneiden. Dann erst bekommen die Jungruten ausreichend Licht, um zufriedenstellend fruchten zu können.
Jeder Gartenbesitzer mag für sich entscheiden, welche Erntemethode er anwenden möchte. Fachleute empfehlen die Beschränkung auf die Herbsternte, die dann eine sinnvolle Ergänzung zur Frühsommerernte einmaltragender Sorten darstellt.

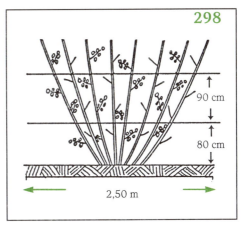

298 *Fächerförmige Erziehung*

Die Brombeere

Unterschieden werden aufrecht wachsende und kletternde oder rankende Brombeersorten. Erstere bilden Ruten, letztere Ranken. Die Boden- oder Haupttriebe brauchen 1 Jahr zu ihrer Entwicklung, fruchten im 2. Jahr und werden dann als Altruten bzw. Altranken entfernt. Inzwischen ist wieder ein neuer Jahrgang herangewachsen. Allgemein ist strenger Schnitt empfehlenswert, er führt zu größeren Fruchtständen und zu größeren Einzelfrüchten.

Stützvorrichtungen
Während die **aufrecht wachsenden Sorten** (z.B. 'Wilsons Frühe', die gut 2 m Höhe erreicht) wie Himbeeren kultiviert werden können (vgl. **295–297**), brauchen die **rankenden Sorten** mit 4–8 m langen Haupttrieben (Jungranken) und den fast ebenso langen Achsel- oder Geiztrieben ein größeres, stabiles Spalier, um sie in Ordnung zu halten. Dazu trägt natürlich auch der Schnitt bei. Wo wenig Platz zur Verfügung steht, empfiehlt sich die *fächerförmige Verteilung* der Ranken an einem 1,60–1,80 m hohen Gerüst mit 2 bis 3 Drähten oder Latten. Die Jungranken können auf 1,75–2 m geschnitten werden **(298)**. Je »Strauch« bleiben jedes Jahr nur 4 bis 6 Jungranken stehen, die man an die Drähte heftet. Der Pflanzabstand beträgt 1,50–2,50 m.

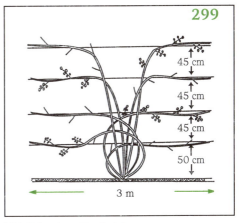

299 *Palmettenartige Erziehung*

Will man dagegen die Ranken in nahezu voller Länge unterbringen, sind größere Pflanzabstände erforderlich. Viel verwendet wird die *palmettenartige Verteilung* der Ranken an einem etwa 3 m langen Spalier mit 3 bis 6 Drähten zwischen 50 und 180 cm Höhe **(299)**. Für sehr stark wachsende Sorten wie 'Theodor Reimers' und 'Black Satin' eignet sich die *wellenförmige Anordnung* der langen Ranken **(300)** bei einer Spalierlänge von mindestens 3,5 m mit 2 bis 3 Drähten.
Bei diesen drei Möglichkeiten der Anordnung bzw. Verteilung sind Jung- und Altranken zusammen untergebracht. Das hat den Vorteil, daß die im Herbst abgeschnittenen, aber im Spalier belassenen Tragranken mit ihren angetrockneten Blättern die

Der Schnitt der Beerenobstgehölze

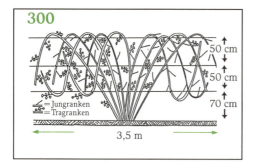

300 *Wellenförmige Erziehung*

Jungranken vor Kahlfrost und rauhen Winden schützen können. So lassen sich manche Überwinterungsschäden vermeiden.

In milden Winterlagen ist es möglich, die beiden »Jahrgänge« streng zu trennen (301). Hier befinden sich links die Tragranken, rechts die Jungranken. In der nächsten Vegetationsperiode ergibt sich eine umgekehrte Anordnung, es findet also jedes Jahr ein Seitenwechsel statt. In rauhen Lagen ist, vor allem bei empfindlichen Sorten wie 'Theodor Reimers', eine solche Unterbringung, wie erwähnt, nicht ratsam.

Pflanzschnitt

Die Notwendigkeit eines Pflanzschnittes wird unterschiedlich beurteilt. Allgemein üblich ist es, aufrecht wachsende Sorten wie die Himbeere (289) auf 30–40 cm, Kletter- oder Rankbrombeeren auf 50–60 cm zu kürzen. Vorhandene Seitentriebe nimmt man auf 1 bis 2 Knospen zurück. Man kann aber auch auf den Schnitt verzichten, muß dann jedoch für gute Bodenfeuchtigkeit sorgen, da ungeschnittene Pflanzen aufgrund ihrer größeren Blattzahl und längeren Triebe in dieser Beziehung anspruchsvoller sind.

Aufbau- und Ertragsschnitt

Aufrecht wachsende Sorten: Die heranwachsenden Ruten sind nach und nach zu verteilen und anzuheften. Die Tragruten werden nach der Ernte dicht am Boden abgeschnitten und entfernt. Von den Jungruten sollten nur 4 bis 6 der kräftigsten für die nächstjährige Ernte stehenbleiben. (Die Sorte 'Wilsons Frühe' ist völlig winterhart, auch Frost kann den Jungenruten nichts anhaben.)

Rankende Sorten: Diese beschäftigen den Gartenbesitzer mehrmals im Jahr. Bringen die diesjährigen Jungranken (302: *R*) Seiten- oder Geiztriebe (*G*) hervor, die das Spalier unübersichtlich machen, so ist bei 40–50 cm Länge, möglichst ab Juli, auf die untersten 3 bis 4 Augen oder Blätter des jeweiligen Geiztriebes zurückzuschneiden. In trockenen Lagen kann auch auf 1 bis 2 Augen geschnitten werden. In feuchten Lagen dagegen ist der etwas längere Anschnitt zweckmäßig, da es hier leicht zum Befall mit Graufäule kommt. Im Frühjahr kann man dann gut einen Nachschnitt durchführen. Aus jeder Knospe entsteht ein großes Fruchtbüschel.

Das *Anheften der Jungranken* gehört ebenfalls zu den wichtigen Sommerarbeiten und ist alle 2 bis 3 Wochen nötig. Junge Ranken sind geschmeidig und lassen sich leicht biegen. Ende August sollten

301 *Trennung von Tragranken (links) und Jungranken (rechts) bei palmettenartiger Erziehung*

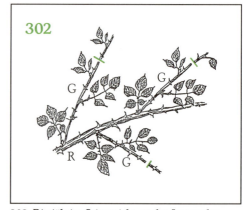

302 *Diesjährige Seitentriebe an den Jungranken werden auf 2 bis 3 Augen oder Blätter entgeizt*

sie entspitzt werden. Sie verholzen dann genügend und überstehen so auch ungünstige, rauhe Winter besser.

Zur *Reife* bringen Rankbrombeeren ihre Früchte hauptsächlich im August und September. Von der winterfrostempfindlichsten Sorte, 'Theodor Reimers', kann man bis in den Oktober reife Früchte ernten. *Nach der Ernte* sollten die ausgedienten Tragranken unverzüglich am Boden weggeschnitten werden. Sie bleiben aber an Ort und Stelle, wo sie die Jungranken beschatten und gegen Witterungsunbilden schützen. Während ungeschnittene Jungranken ihr Laub im Herbst bald abwerfen, trocknet es bei den abgeschnittenen Trieben an und verhindert größere Winterschäden. Wichtig ist, daß der Schnitt nicht zu spät erfolgt, sonst haftet das Laub nicht lange genug; denn gerade im Februar und März ist sein Schutz von besonderem Wert.

Wenn Brombeeren teilweise nicht ausreifen und rot bleiben, sind sie meist von der *Brombeermilbe* befallen; die Früchte sind dann nicht verwertbar. Sämtliche betroffenen Fruchtstände müssen dann noch während der Ernte abgeschnitten, verbrannt oder in die Mülltonne geworfen werden. Lichte Brombeersträucher sagen der Milbe weniger zu, regelmäßiger Schnitt beugt also vor.

Im März/April werden die als Winterschutz am Spalier belassenen *Altranken* mit einer Astschere in kurze Stücke geschnitten, so daß sie meist von selbst zu Boden fallen. Man harkt sie dann zusammen und entfernt sie aus dem Garten. Anschließend lichtet man die neuen Tragranken auf 4 bis 5 der kräftigsten aus und entfernt die übrigen basisnah. Im Spätsommer noch gebildete Geiztriebe können auf 2 bis 3 Knospen zurückgeschnitten werden. Lassen sich die Ranken nicht über ihre ganze Länge am Spalier unterbringen, steht einem Einkürzen nichts im Wege. Die Spitzenenden sind sowieso unfruchtbar. Sie können jedoch der vegetativen Vermehrung dienen: Bei Bodenkontakt bilden sie Wurzeln, und es entwickelt sich ein neuer Sproß.

Die Kulturheidelbeere

Da diese Sträucher mit Topfballen gepflanzt werden, brauchen sie keinen **Pflanzschnitt**. Auch auf den **Aufbauschnitt** kann man verzichten, nur beschädigte Teile werden vorsichtig entfernt. Je nach Sorte wachsen Heidelbeeren 50–200 cm hoch. Da oftmals zwei- bis dreijährige Sträucher gepflanzt werden, sollte man die Blüte im ersten Jahr unbedingt unterdrücken. Aufbau und Schnitt des Heidelbeerstrauches weisen viele Ähnlichkeiten zur Roten Johannisbeere auf.

Der **Ertragsschnitt** beginnt an etwa vierjährigen Pflanzen. Die inzwischen ziemlich dicht gewordenen Sträucher sind mittelstark auszulichten, ähnlich wie die Rote Johannisbeere. Die ältesten Bodenzweige sollten spätestens nach 4 bis 5 Jahren am Boden weggeschnitten oder auf einen kräftigen Basistrieb aufgeleitet werden. Befriedigt die Seitentriebbildung im Innern nicht mehr, nimmt man die älteren Bodenzweige bereits nach 3 Jahren heraus. Mäßiges Einkürzen der Verlängerungstriebe der Bodenzweige fördert die Seitentriebbildung. Die beste Schnittzeit ist nach der Ernte oder im Winter.

Ein **Verjüngungsschnitt** auf halbe Höhe kann im Winter erfolgen, sobald Seitentriebbildung und Fruchtansatz stark nachgelassen haben. Danach läßt man den Strauch wieder bis zur bisherigen Größe heranwachsen und entfernt nach und nach das alte Blüh- oder Fruchtholz.

Register

Halbfette Seitenzahlen verweisen bei mehreren Angaben auf eine ausführliche Erläuterung des Begriffs, *kursive* auf Abbildungen.

Abdachungswinkel siehe
  Kronenwinkel
Abgangswinkel 13, *12*
Ableiten **27, 30**, *30*
Abspreizen 36, 59
Abziehstein 26, *25*
Adventivknospen 18
Alternanz 19
Altrute 129, *129*
Amboßschere 20
Amerikanischer Stachelbeer-
  mehltau 124, 126
Anschnitt **28**, 37
– kurzer 14, *14*
– langer 14, *14*
Apfel, Besonderheiten 73
Apfelbuschbaum 35, *35*, 62
Apfelhalbstamm 47
– Kernobst 47
Apfelmeterstamm 62
Apfelspindelbusch 79–89, *81*
Apfelspindelpyramide 89
Aprikose, Kronenform 115
Aprikose, Triebentwicklung 115
Astbasis 8
Asthalbring, Schnitt auf 27, *27*
Astring 27
Astsäge 23, *24*
– Handhabung der 29–31
Aststummel 115
Aufbauschnitt
– Apfelbuschbaum 38–44,
  38–44
– Apfelspindelbusch 80–83,
  80–83
– Aprikose 116–117, *116*
– Birnenhalbstamm 75
  Brombeere 132–133
– Kernobsthalbstamm und
  -hochstamm 45–46
– Pfirsich 113, *113*
  Pflaume 94, *94*
– Rote und Weiße
  Johannisbeere 119–121
– Sauerkirsche *101*, *104*,
  102–103
– Schwarze Johannis-
  beere 122–123
– Stachelbeere *125, 126, 127*,
  125–127
– Süßkirsche 108, 109, *108*

Aufkahlung 53, 58
Aufleiten 11, **27, 30**, *27, 30*
Aufputzen 100, 112
Augen 16
Ausharzen 107–108
Auslichten 67
– ungepflegter Baum-
  kronen 59–65, *61*
– Zeitpunkt 60
Auslichtungsschnitt
– Pflaume 96–98, *98*
– Sauerkirsche *105*

Basisförderung 12, *12*
Baum, Wuchsbild 10
Baumalter, Schnittziele nach
  15–16
Baumteer 32
Baumwachs 32
Beerenobst 118
– Sommerschnitt 59
Beiaugen 18
Binden 39, 55
Birnbaumkrone, Formieren 74
Birne, Besonderheiten 74–78
Birnenbuschbaum 76
Birnenhalbstamm 75
Birnenhochstamm 76
Birnenspindelbusch 77, *78*
Birnenspindelpyramide 77
Blattknospe **17**, *17*, 48, *48*
Blüten 34
Blüten- oder Fruchtknospe 48
Blütenknospe **18**, *18, 19*, 99
Bodenschößling 57, 126
Bodentrieb 118
Brombeere
– aufrecht wachsende Sorten
  131
– Erziehungsformen 131, *131,
  132*
– rankende Sorten 131
Brombeermilbe 133
Bügellose Säge 23
Bügelsäge 23
Bukettknospen **18**
Buketttriebe und -zweige 112
Bukettzweige 19, *19*, 99, 107,
  111
Buschbaum 35
Buschbaumkrone 60, *60*

Drahtrahmen 118, 122, 129

Edelsorte 73
Einkürzen des Mittel-
  astes 31, *31*
Endknospe 10, **17**
Entspitzen 15, **56**, *57*, 124
Erhaltungsschnitt siehe Ertrags-
  schnitt
Ertragsschnitt
– Apfelbuschbaum 62
– Aprikose 117
– Birnenhalbstamm 75
– Kernobst 50–53, *51*
– Pfirsich 114, *114*
– Pflaume 94–96, *95, 96*
– Rote und Weiße
  Johannisbeere 121–122
– Sauerkirsche 103–106, *104*
– Schwarze Johannisbeere 123
– Stachelbeere 127–128
– Süßkirsche 109–110, *109*
Erziehungsschnitt siehe
  Aufbauschnitt

Falsche Fruchttriebe 110, *111*,
  112
Formieren 36, 38, *39*, 55, **58**
Fruchtäste 40
Fruchtbogen 11, 49, 50, 52, *52*
Fruchter 112
Fruchtholz 8, 38, 39, **40**
– bei Apfel und Birne 48–50,
  48, 49
Fruchtholzschnitt
– Apfelspindelbusch 85–86,
  85
– Ertragszeit 53
Fruchtknospe **48**
Fruchtkuchen 18, *18, 19*, **49**,
  49, 50
– Schnitt am 28, *28*
Fruchtrute 48, *49*, 50
Fruchtspieß 48, *48*, 50
Fruchtsproß 48, *48*
Fruchttriebe
– falsche 110, *111*, **112**
– wahre 110, *111* **111**
Fruchtzweige 8
Frühsommerschnitt 55–57
Fußstämmchen 124

Gabelast *8*
Gartenscheren 20, *21*
- Handhabung 26-29
Gärtnermesser 25, *25*
Geiztriebe 132, *132*
Gemischte Knospen **18**, *19*
Gleichgewicht, physiologisches **15**, 16
Gummifluß **107-108**, 110, 113

Halbstamm, Kernobst 45
Halbstammkrone *60*
Halbstrauch 129
Himbeere
- einmaltragende Sorten 129
- Spaliererziehung 130, *130*
- zweimaltragende Sorten 130
Himbeerruten, Entwicklung im Pflanzjahr 129
Hippe 25
Hochbusch 100
Hochstamm, Kernobst 45
Hochstammkrone *44*, *60*
Hohlkrone 67
- beim Kernobst 46, 65
- beim Steinobst 46
- Verjüngung 54, *54*
Holz- oder Triebknospe 48, 99
Holzknospe **17**, *17*, 48
Holztrieb 50
- (Wachser) *111*

Idealkrone 60, *60*
Instandhaltungsschnitt siehe Ertragsschnitt

Johannisbeere
- Busch, siehe Strauchform
- Halbstamm 118
- Heckenerziehung 119, *120*, 121
- Hochstamm 118
- Rote und Weiße - Erziehungsformen 118
- Schwarze - Erziehungsformen 122
- Schwarze - Schnittgrundsätze 122
- Stämmchen 118, 122
- Strauchform 118, *118*, *120*, 122
Johannistrieb 124
Jostabeere, Schnittgrundsätze 128
Jungranke 131, *132*
Jungrute 129, 130

Kahlstelle 58, 66, *66*, 91, 99
Kambium 29, 30, **34**, *34*
Kernobst 35
Klammern von Trieben 58, *58*
Knie-, Halb- oder Hochstämmchen 124
Knospen **16**
- Aprikose 115
- gemischte **18**
- gemischte *19*
- Pfirsich 111
- Pflaume 91
- Sauerkirsche 99
- schlafende 18
- Süßkirsche 107
Knospenbildung 16-18
Knospenblendung 37, 38, 42
Knospenentwicklung *48*
Kombinierte Krone 65, *65*, *109*, *110*
Konkurrenzknospen, Blenden der 37, 38
Konkurrenztrieb 8, **35**, *35*, 57
- zweiter 8, *35*, 35
Korrektur bei mangelhaftem Kronenaufbau 44
Krone, kombinierte 65, *65*, *109*, *110*
Kronenaufbau, Korrektur bei mangelhaftem 44
Kronenwinkel *7*, 39, *39*, 67
Kulturheidelbeere, Schnittgrundsätze 133
Kurztrieb 17, **18**, **19**

Langarmscheren 20, *22*,
Längskronenerziehung 87
Langtrieb 17, **18**, *18*
Leitast 5, 8, 35, **38**
Leitäste, Verteilung der 36
Leitastverlängerung *8*
Leittrieb 36
Leitzweig 110

Marille siehe Aprikose
Mittelast 5, *8*, 35, **38**
Mittelast, Einkürzen des 31, *31*
Mittelläste, Bäume mit mehreren 65
Mittelastverlängerung *8*, 37
Mitteltrieb 37
Monilia-Spitzendürre 99

Nachbehandlung stark geschnittener Bäume 71-73
Nebenast *8*, 35
- am Mittelast *8*

Nebenäste **40**, *41*
- Aufbauschnitt 40
- Ertragsschnitt 52
- Verteilung *40*
Nebenknospen 18

Oberseitenförderung 10, *11*
Oberseitenholz *8*, 11
Oberseitentrieb 50, 52
Obsthecke 87

Peitsche 12
Peitschentrieb 99, *103*, *105*, *106*, 107
Pfirsich
- Knospen und Triebe *111*
- Triebentwicklung 111
Pflanzschnitt
- Apfelbuschbaum 25-37, *37*
- Apfelspindelbusch 79, *79*
- Aprikose 115-116, *115*
- Birnenspindelbusch 77, *78*
- Brombeere 132
- Himbeere 129
- Kernobsthalbstamm und -hochstamm 45-46
- Pfirsich 112, *112*
- Pflaume 91-93, *91*
- Rote und Weiße Johannisbeere *118*, 118-119
- Sauerkirsche 100-102, *100*, *101*, *102*
- Schwarze Johannisbeere 122, *123*
- Stachelbeere 125, *125*
Pflaume
- Baumformen 91
- Kronenformen 91
- Schnittgrundsätze 90-91
- Triebentwicklung *90*, 91
Pflaumenbuschbaum 95
Pflaumenhalbstamm 92, 93, 95, *97*
Physiologisches Gleichgewicht **15**, 16
Pinzieren 57
Pyramidenkrone *8*, 35
- Verjüngung 54, *54*

Quirlholz *8*, **50**, *50*, 52, *52*
Quitte, Besonderheiten 78

Reitertrieb *8*, 10
Ringelspieß 18, *18*, 49, **50**, 52, *52*
Rückschnitt **38**
- Auswirkungen 14-15

Rückschnitt, Stärke des 14–15
Ruten 129
- -krankheit 129, 130

Saftaustritt 34
Saftwaage **15**, 36, *37*, 38, *38*
Säge 23, *24*
- bügellose 23
Sauerkirsche
- Schnittgrundsätze 98–99
- Sortengruppen 98
- Triebentwicklung 99
- Zweigentwicklung 99
Sauerkirschenbuschbaum *101*, *104*
Sauerkirschenhalbstamm 105
Schärfen von Messern und Scheren 26
Schattenfrüchte 66
Scheitelpunktförderung 11, *11*
Schlafende Knospen 18
Schnitt
- am Fruchtkuchen 28, *28*
- auf Asthalbring 27, *27*
- auf Auge 28, *29*
- auf Rosette 58
- ungleichmäßiger 14, *15*
- zwischen Knospen **29**, 29, *100*
Schnittfläche 26, 29
Schnittgesetze 14–15
Schnittwerkzeuge 20–26
Schnittzeitpunkt 15, 55, 57
- Fruchtholz 50
- Süßkirsche 108
Schnittziele 7, 15–16
Schnurbaum 89
Schwalbenschwanzschere 20
Seitenholz 8
- echtes 11
Seitenknospe **16**, **17**
Sommerriß 56, *56*
Sommerschnitt 57–59
Spindelbusch 58, 73, 79–89
Spindelpyramide 78
Spitzenförderung **10–12**, 12, 13
Spreizholz 36, 59, *59*

Stachelbeere
- Erziehungsformen **124**
- Stämmchen 124
- Sträucher 124
Stachelbeermehltau 127
- Amerikanischer 124, 126
Stamm 8
Stammverlängerung 8
Ständerzweig 8
Steiltrieb 50, 51
Steinobst 90
Stippigkeit 59, 72
Strauch, Wuchsbild 10
Strauchbesen 51, *51*
Stummel 15, **29**, 29, 55, *55*
Stummelschnitt 69, *69*
Stümpfe 29, 55
Süßkirsche
- Knospen und Triebe **107**
- Schnittgrundsätze 107
- Triebentwicklung 107

Terminal- oder Triebknospe 99
Terminalknospe 10, **17**
Tragranke 131, *132*
Triebbasis 8
Triebbildung 18
Triebe, vorzeitige 99, 100, *100*, *101*, 102, 111, 112
Triebknospe 17
Triebspitzenförderung **10**, 14

Überlagerungsast 60, *61*, 67
Überlagerungszweig *106*
Überwallungsring 34, *34*
Ungleichmäßiger Schnitt 14, *15*
Unterlage 45, 73
Unterseitenholz 8, 11

Veredlung 73
Veredlungsmesser 26
Veredlungsstelle 8
Vergreisung 53, 66, *66*
Verjüngung
- ungeschnittener Kronen 66–70
- ungeschnittener Bäume 67, 69
- Zeitpunkt 66

Verjüngungsschnitt
- Apfelbuschbaum 68
- Apfelspindelbusch 86–87, *86*
- Aprikose 117
- Birne 76
- Kernobst 53, *54*
- Pfirsich 114
- Pflaume 96–98, *97*
- Sauerkirsche *105*, 106, 107
- Schwarze Johannisbeere 123–124
- Stachelbeere 128
- Süßkirsche 110, *110*
Verteilung der Leitäste 36
Vorzeitige Triebe 99, 100, *100*, *101*, 102, 111, 112

Waagerechtbinden 72, *72*
Waagerechtstellen von Trieben 55
Wachser 112
Wachstumsgesetze **10–12**
Wahre Fruchttriebe 110, **111**, *111*
- Fruchter *111*
- Wachser *111*
Wasserschoß **8**, 10, 18, 56
Wechselschnitt 112
Wegschnitt 26–28, *26–28*, 30, *30*
Weidenkopf 51, *51*
Wetzstein 26
Wuchsförderung 12–13
Wuchshemmung 12–13
Wuchskraft, Testen der 66
Wuchsunterschiede, Gründe für 12–13
Wundbehandlung 33–34, *33*, 59
Wundtinktur 32
Wundverheilung 29, 30, **34**
Wundverschlußmittel 32
Wundwachs 32
Wurzelhals 8
Wurzelschößling 57, *57*

Zapfen 112
Zweigbasis 8
Zwetsche siehe Pflaume